Suhrkamp BasisBiographie 5 **Buddha**

Leben Werk Wirkung

ANGULANZA

Ursula Gräfe (geboren 1956) ist Japanologin und arbeitet seit 1988 als Literaturübersetzerin, u. a. von R. K. Narayan, Haruki Murakami und Kenzaburō Ōe. Immer wieder verbringt sie längere Zeit in Asien, vor allem in Indien. Ursula Gräfe lebt und schreibt in Frankfurt am Main.

Buddha

Suhrkamp BasisBiographie
von Ursula Gräfe

Suhrkamp BasisBiographie 5 Erste Auflage 2005 Originalausgabe
© Suhrkamp Verlag Frankfurt am Main 2005
Druck: Clausen & Bosse, Leck · Printed in Germany
Umschlag: Hermann Michels und Regina Göllner
ISBN 3-518-18205-6
Die Schreibweise entspricht den Regeln der neuen Rechtschreibung, Zitate werden in ihrer ursprünglichen Rechtschreibung belassen.

1 2 3 4 5 6 – 10 09 08 07 06 05

Inhalt

Gesichter Buddhas

Die Zahl der Menschen, die sich auch außerhalb Asiens für den Buddhismus interessieren, wird immer größer. Möglicherweise sehnen sie sich nach Spiritualität ohne Aberglauben und Lebenshilfe ohne Dogmatik, nach einem Weltbild, in dessen Zentrum statt eines blutüberströmten Schmerzensmannes ein entspannt Meditierender steht. Doch was wissen wir fernab des buddhistischen Kulturkreises über den Mann Siddhārtha Gautama, der zum Buddha wurde? Hat es ihn überhaupt gegeben? Wann hat er gelebt? Wo kam er her? Wer waren seine Eltern? Welche Sprache sprach er? Siddhārtha Gautama aus dem Stamm der Śākya wurde im 6. oder 5. Jahrhundert vor unserer Zeitrechnung in Lumbinī, das heute in Nepal nahe der Grenze zu Indien liegt, geboren. Später nannte man ihn Buddha, was (einem Partizip Perfekt der Sanskritwurzel »budh« entsprechend) »der Erwachte« bedeutet. Er wurde 80 Jahre alt.

Seine Lehre breitete sich in vielen Ländern Asiens aus und besteht heute in Sri Lanka, Thailand, Laos, Kambodscha und Myanmar (Burma), in China, in Tibet, in der Gebirgsregion Ladakh, in der Mongolei, in Bhutan, Nepal, Taiwan, Vietnam, Korea und Japan fort. Mit etwa 400 Millionen Bekennern gehört der Buddhismus zu den Weltreligionen, selbst wenn er mit ca. sechs Prozent gegenüber den anderen großen Glaubensrichtungen (Christentum 33 Prozent, Islam 20 Prozent und Hinduismus 13 Prozent) weit zurückliegt.

Auch in Europa und den USA wächst seit den 1960er Jahren die Zahl der Anhänger, und es entstehen immer mehr Gemeinden, Klöster und Zentren der einen oder anderen buddhistischen Schulrichtung. Nicht zuletzt ist es die Anerkennung, ja Popularität, die der Dalai Lama bei großen Teilen der Weltöffentlichkeit genießt, die zu einer verstärkten Wahrnehmung des Buddhismus beiträgt.

Wie die Vielfalt der buddhistisch geprägten Gegenden auf der Welt mit all ihren geographischen, historischen, sprachlichen, klimatischen und kulturellen Besonderheiten vermuten lässt, weichen die jeweils dort praktizierten Formen des Buddhismus erheblich voneinander ab. Zur Veranschaulichung genügt es, sich einmal die geläufigen Darstellungen Buddhas ins Gedächtnis zu rufen: der dicke lachende Buddha der chinesischen Restaurants, feingliedrige goldene Thai-Buddhas, Buddha meditierend im Lotossitz, der Dalai Lama, zuweilen als »lebender Buddha« bezeichnet, oder die riesigen stehenden Buddha-Skulpturen von Bamiyan in Afghanistan, deren Zerstörung durch die Taliban ihnen erst vor kurzem zu trauriger Berühmtheit verholfen hat.

Auch wenn man die beiden im Westen bekanntesten Formen – den japanischen Zen-Buddhismus und den tibetischen Lamaismus – miteinander vergleicht, stechen die Unterschiede deutlicher hervor als die Gemeinsamkeiten. Die elegante, schlichte Ästhetik des Zen, der heutzutage kaum noch eine Werbeagentur oder ein Möbelhaus widerstehen kann, steht in krassem Gegensatz zu den mystischen, farbenprächtigen, aufwendigen tibetischen Ritualen mit den dramatischen Klängen, roten Gewändern, Masken, Butterlampen und Räucherstäbchen, wie wir sie inzwischen aus vielen Spielfilmen und Dokumentationen kennen. Bei äußerer Betrachtung könnte bei jeder Aussage über den Buddhismus auch das genaue Gegenteil zutreffen. Angesichts dieser Vielfalt ist es kein Wunder, dass die historische Person des Gründers, über die ohnehin nur wenige Fakten bekannt sind, durch die Fülle der Interpretationen in den verschiedenen Traditionen verdeckt ist.

Ein erster klärender Schritt ist es, zunächst einmal die beiden großen Glaubensrichtungen des Buddhismus zu benennen. Wie das Christentum – vereinfacht ausgedrückt – in ein katholisches und protestantisches Bekenntnis zerfällt, teilt sich die buddhistische Welt in den Mahāyāna- und den Hīnayāna-Buddhismus. Die Lehre des Mahāyāna, des »Großen Fahrzeugs«, herrscht in den Ländern China und Tibet, in der Mongolei, in Bhutan, Taiwan, Vietnam, Korea und Japan, während der Hīnayāna-Buddhismus, die ältere Richtung des »Kleinen Fahrzeugs«, sich bis heute in Sri Lanka, Myanmar, Thailand, Laos und Kambodscha erhalten hat und auch als Theravāda – »Schule der Alten« – bezeichnet wird. Die religiöse Sprache des »nördlichen« Mahāyāna-Buddhismus ist Sanskrit, die des »südlichen« Hīnayāna das Pāli.

Aus seinem Entstehungsland Indien verschwand der Buddhismus vor etwa tausend Jahren nahezu ganz. Dennoch sind der Geburtsort Buddhas und andere Orte, die mit seinem Lebenslauf verknüpft sind, in den vergangenen hundert Jahren zu wichtigen Pilgerstätten für viele Buddhisten geworden, während sie im Westen wenig bekannt und nicht mit der Bedeutung Bethlehems oder Jerusalems zu vergleichen sind. All jene jedoch, die einmal den Abenteuerroman *Kim* von Rudyard Kipling gelesen haben, kennen die wichtigsten Stationen von Gautama Buddhas Leben. Im ersten Kapitel besucht der alte Lama, der Kim auf seine abenteuerliche Reise mitnimmt, das Museum von Lahore und identifiziert auf einem Relief jede einzelne Begebenheit der »wunderschönen« Geschichte: »Hier war der fromme Asita, Entsprechung des heiligen Simeon in der christlichen Geschichte, der das heilige Kind auf den Knien hielt, während Mutter und Vater lauschten; und da waren die Begebenheiten aus der Legende vom Vetter Devadatta. [...] Da war die Predigt im Gazellenhain; das Wunder, das die Feueranbeter verblüffte; dort der Bodhisat in königlichem Gepränge als Prinz; die wundersame Geburt; der Tod in Kusinagara, wo der schwache Jünger ohnmächtig wurde; allenthalben fanden sich Wiedergaben der Meditation unter dem Bodhibaum; und die Anbetung der Almosenschale war überall zu sehen. [...] Danach wurde ihm eine riesige Karte gezeigt [...]. Hier war Kapilavastu, das Reich der Mitte, und dort Mahabodhi, das Mekka des Buddhismus; und hier Kusinagara, traurige Stätte von des Heiligen Tod.« (Kipling 2001, S. 16 f.)

Als wichtigste und älteste Quelle für Buddhas Leben und Lehre gilt den Buddhisten wie der Wissenschaft neben einigen archäologischen Funden und anderen Texten der Pāli-Kanon – eine Niederschrift der Buddha zugeschriebenen Glaubenssätze und Lehrreden. Pāli ist eine dem Sanskrit verwandte Literatursprache, in der der Kanon als Erstes festgehalten wurde. Darüber hinaus existiert eine schier unüberschaubare Menge an Schriften, die in verschiedenen asiatischen Sprachen überliefert sind und deren Sichtung die Buddhismus-Forschung weiterhin vor gewaltige Aufgaben stellt. Nur ein verhältnismäßig geringer Teil dieser Literatur ist in westlichen Sprachen zugänglich.

Es ist üblich, buddhistische Termini, soweit sie die Lehre im Allgemeinen betreffen, entweder in ihrer Sanskrit- oder Pāli-Form zu zitieren. Hierbei kommt die bereits erwähnte Zuordnung – Hīnayāna gleich Pāli und Mahāyāna gleich Sanskrit – zum Tragen. Auf die Unterschiede und die Bedeutung der beiden Sprachen für die jeweilige Überlieferung wird später noch genauer eingegangen.

Kaum eine der im Folgenden aus dem Leben der Person namens Siddhārtha Gautama berichteten Begebenheiten lässt sich wissenschaftlich zweifelsfrei belegen.

Leben

Die vedische Zeit

Wie sah die politische und kulturelle Situation im nördlichen Indien des 6./5. Jahrhunderts v. Chr. aus, die das Auftreten einer Persönlichkeit wie die des Gautama Buddha ermöglichte? Das Gebiet, in dem Buddha sich bewegte, umfasst Teile der heutigen indischen Bundesstaaten Bihar und Uttar Pradesh, also die mittlere Gangesebene.

Vgl. Karte 1, S. 145

Früheste Quelle über die aus Zentralasien in den Norden Indiens eingewanderten nomadischen Hirtengruppen sind die Veden, das heilige »Wissen« der Ārya, wie sie sich nannten. (Veda ist weitläufig verwandt mit dem deutschen Wort »finden«.) Das Vedische, die Sprache, in der sie verfasst sind, ist eine ältere Form des Sanskrit. Der Textkörper der Veden besteht aus vier Grundabteilungen, als deren älteste der *Rigveda* gilt, der Entstehungsmythen und Hymnen an Götter und Naturphänomene wie Feuer, Wasser oder Wind enthält. Er wurde der Überlieferung nach von Rishis, den weisen Sehern der Vorzeit, geschaut bzw. gehört und wird daher auch als Śruti – »Gehörtes« – bezeichnet. Die anderen Bücher der Veden beinhalten Opfergesänge, Ritualvorschriften und Zaubersprüche. Entsprechend der angenommenen Entstehungsperiode dieser Dichtung wird die Epoche von etwa 1500 bis 500 v. Chr. als vedische Zeit bezeichnet. Wenngleich Bewahrung und Rezitation der einzelnen Veden bis in die Gegenwart jeweils bestimmten Brahmanengruppen vorbehalten sind und sie in ihrer Bedeutung und Unfehlbarkeit als Kern hinduistischen Selbstverständnisses gelten, sind die Übereinstimmungen zwischen dem heutigen Hinduismus und Vorstellungen des *Rigveda* vergleichsweise gering.

Die Veden

Die Gebiete, in die die Ārya vordrangen, waren nicht menschenleer, und die Ankömmlinge vermischten sich im Laufe der Zeit mit der autochthonen Bevölkerung. Der Zusammenprall mit der einheimischen Agrargesellschaft und die Sesshaftwerdung der Einwanderer führte zu einer stärkeren sozialen Differenzierung. Eine späte Hymne des *Rigveda* beschreibt, wie die Götter den Purusha, eine Art Urriesen, der

Ursprung der Kasten

gleichzeitig den gesamten Kosmos mit all seinen Zeitaltern verkörpert, opfern, ihn zerteilen und damit die vier Stände schaffen:»Sein Mund war der Brahmane, die Arme wurden zum Adligen [Kshatriya] gemacht, seine beiden Schenkel zum Vaiśya, aus seinen Füßen entstand der Śūdra.« (Zit. n. Geldner 1951, *Rigveda*, Liederkreis X, Vers 90; Bd. 1, S. 259) Im vedischen Kontext wird noch nicht von Kasten, sondern von Ständen gesprochen. Zum Stand der Vaiśya gehörten die Bauern, später auch Händler, während die Śūdra Handwerker waren und den anderen Ständen dienten. Ihnen waren die Veden nicht zugänglich, sie durften sie weder hören, geschweige denn lernen, woran sich in orthodoxen Kreisen des heutigen Indien nichts geändert hat. Auch Frauen waren und sind vom rituellen Studium der Veden ausgeschlossen. Unberührbarkeit bestand offenbar noch nicht.

Zur Zeit Buddhas waren die fruchtbaren Ebenen der beiden großen nordindischen Ströme Ganges und Yamuna bereits teilweise urbar gemacht und besiedelt. Zwei aufstrebende Großreiche – Māgadha und Kośala – wetteiferten um die Vorherrschaft. Die von einigen Historikern als »Republiken« oder auch »Stammesdemokratien« bezeichneten älteren Gemeinwesen der frühvedischen Zeit, in denen die Oberhäupter von Ratsversammlungen gewählt oder im Falle der Erblichkeit bestätigt wurden, waren ihnen tributpflichtig. Auch Buddha entstammte dem herrschenden Clan einer solchen Republik.

Das Gebiet der Śākya lag im Norden, am Rande der Gangeskultur, und war Kośala untertan. Es wird häufig gesagt, Buddha sei Kshatriya, also ein Angehöriger des Kriegeradels gewesen, da viele seiner Lehrreden antibrahmanische Polemik aufweisen und er sich selbst mehrmals als Kshatriya bezeichnet. Einige Wissenschaftler haben jedoch einleuchtend darauf hingewiesen, dass er sich dieser Standesbezeichnung möglicherweise deshalb bediente, weil ihm nur die brahmanische Terminologie zur Verfügung stand. Alte Gemeinwesen wie das der Śākya waren vermutlich nicht nach der Vier-Stände-Ordnung organisiert.

Das neue Königssystem der Großreiche Māgadha und Kośala legitimierte sich stark über eine Weihe durch die Brahmanen,

Māgadha und
Kośala

Vgl. Karte 1,
S. 145

was zu einem ständig wachsenden Einfluss des Priesterstands gegenüber dem zuvor mächtigeren Kriegeradel führte. So wurden in Māgadha aufwendige Königsriten durchgeführt, wie beispielsweise das allmächtige »Pferdeopfer« (Skt. Aśvamedha), »das große Prunkstück der priesterlichen Opferkunst« (Gonda 1960, Bd. 1, S. 168), das sich über zwei Jahre hinzog. Ein besonders edles Pferd wurde freigelassen und streifte, von Hunderten von bewaffneten Männern begleitet, die es unter zahlreichen Observanzen zu beschützen hatten, ein Jahr lang ungehindert umher. Danach wurde es unter riesigen Speise- und Tieropfern getötet, mittels verschiedener Fruchbarkeitsriten geweiht und auf zeremonielle Weise zerlegt. Ein wichtiger Aspekt des Pferdeopfers war, die territorialen Ansprüche des Königs zu sichern, der es durchführte, denn über die Gebiete, die das Pferd während seines einjährigen Umherschweifens berührte, erlangte er Eigentums- und Herrschaftsrechte. Bei deren Durchsetzung spielte das das Pferd begleitende Heer natürlich eine nicht unerhebliche Rolle. Es ist also leicht verständlich, welche bedeutende Stellung den leitenden Priestern zukam, die als Einzige in das geheime »Wissen« dieser Opferriten eingeweiht waren.

Brahmanischer Opferkult

Buddha wandte sich später gegen das Tieropfer, dessen Bedeutung mit zunehmendem Einfluss des Buddhismus allmählich schwand. Wie verschwenderisch Opferveranstaltungen jedoch auch noch zu seiner Zeit waren, lässt sich im Pāli-Kanon nachlesen: »Damals wurde aber bei Kūtadanto ein großes Opfer vorbereitet: Es waren da siebenhundert Stiere, siebenhundert Farren, siebenhundert Färsen, siebenhundert Ziegen und siebenhundert Schafe an die Pfosten geführt worden, um geopfert zu werden.« (D 4; zit. n. KEN 2, S. 89) Es standen einander also zwei politische Systeme gegenüber: das neue Königtum, das sich auf die Brahmanenweihe stützte, und die ältere Herrschaftsform, die auf der Entscheidung der Adligen eines Stammes basierte. Die größte Macht in der Gangeskultur zur Zeit Buddhas war das Reich Māgadha, und es wird angenommen, dass Buddha in der Sprache Māgadhī predigte. Ferner existierten die Königreiche Kośala, im Westen Avānti mit seiner Hauptstadt Ujjenī (Ujain) – eine der

frühsten indischen Städte – und Vatsa sowie die Stammesre-
publiken der Licchavī, Śākya und Malla.

Es war mehr und mehr der Priesterstand, der die Beziehungen
zwischen Göttern und Menschen bis ins Kleinste regelte und
damit gewissermaßen die Geschicke der Welt lenkte. Die
Brahmanen standen durch ihr Opfermonopol unangefochten
an der Spitze der Gesellschaftshierarchie. Es ist nahe liegend,
dass diese spirituell eher unbefriedigende Form, die dem Einzelnen wenig Raum zu religiösem Ausdruck ließ, zu philosophischen Spekulationen reizte, die am Ende dazu führten,
dass sich das Opferritual als Hauptaspekt des religiösen Lebens nicht mehr halten konnte.

Die *Upanishaden* – Verse und Prosatexte mystisch-spekulati-
ven Inhalts – bringen neue und entscheidende Grundanstöße
für die vedische Literatur. Upa-ni-sad bedeutet auf Sanskrit
»sich jemandem zur Seite setzen«, das heißt, seine Lehren an-
hören, ein Verb, das übrigens auch in der buddhistischen Literatur häufig auftritt. Im Mittelpunkt des neueren, als Vedānta (Skt. »Ende der Veden«) bezeichneten, komplexen
philosophischen Weltbildes der *Upanishaden* stehen Ātman
(etymologisch mit »Atem« verwandt), die unsterbliche Individualseele, das »Selbst« des Menschen, und Brahman, die
»Weltseele«, ein ewiges Eines und Absolutes. Kernlehre der
Upanishaden ist die als höchste Form der Erkenntnis anzustre-
bende Einheit von Einzelseele und Weltseele – von Ātman
und Brahman. Erwähnt sei hier die *Chāndogya-Upanishad*
VI 2, in der der Weise Uddālaka Āruni seinem Sohn Shveta-
ketu anhand mehrerer Beispiele erklärt, dass alles Seiende,
wenn auch unsichtbar wie in Wasser gelöstes Salz, in allem

Die »Upani-
shaden«

Ātman und
Brahman

> Tat tvam asi – Das bist du.
> Wer (diese Formel) mit klarer Erkenntnis und fester inniger
> Überzeugung über jedes Wesen, mit dem er in Berührung
> kommt, zu sich selber auszusprechen vermag; der ist eben da-
> mit aller Tugend und Seligkeit gewiß und auf dem geraden
> Weg zur Erlösung. (Arthur Schopenhauer, *Die Welt als Wille*
> *und Vorstellung*, S. 509)

enthalten sei, ebenso wie das Absolute – Brahman – alles durchdringe, auch ihn selbst: *Tat tvam asi* – das bist du –, sagt er dem Sohn immer wieder. In diesem berühmten Satz fasst sich die Lehre der *Upanishaden* zusammen: Brahman (»das«) ist mit Ātman (»du«) wesenseins.

Die Überzeugung, dem menschlichen Körper wohne ein unvergängliches Selbst inne, führt zu der Vorstellung, dass dieses nach dem Absterben des Körpers stets aufs Neue in einem anderen Leib wieder geboren wird. Die Qualität jeder Reinkarnation hängt dabei vom vorangegangenen Lebenswandel und dem dadurch erworbenen guten oder schlechten Karma ab. Durchbrochen werden kann diese theoretisch endlose Kette der Wiedergeburten durch die mittels Meditation gewonnene Erkenntnis der Einheit von Ātman und Brahman. Erlösung bedeutet das Aufgehen des Ātman, des individuellen Selbst, im Brahman, dem Absoluten. Buddha wandte sich gegen diese auch im heutigen Hinduismus weiterhin gültige Philosophie.

Insgesamt war das 5. Jahrhundert v. Chr. von heftigen ideologischen Auseinandersetzungen geprägt. Viele mit den Welterklärungen der brahmanisch-vedischen Tradition Unzufriedene verließen ihr Heim und zogen als Wanderasketen – Śramana (P. Samana; etymologischer Ursprung des Wortes »Schamane«) – durch das nördliche Indien und bildeten eine Art »Gegenkultur«. Siddhārtha Gautama aus dem Hause der Śākya war nicht der Einzige, der sich der brahmanischen Autorität nicht fügte und in die »Hauslosigkeit« zog. In Māgadha scheint es eine Vielzahl von Śramana gegeben zu haben. Einige von ihnen waren prominente Denker, die eine große Anhängerschaft um sich scharten. Die buddhistische Überlieferung nennt mehrere Lehrer, zu denen Buddha auch Stellung bezieht. Es ist allerdings anzunehmen, dass weitaus mehr Prediger umherzogen als die im Pāli-Kanon erwähnten.

Die einzige Gruppe aus dieser Zeit, die noch heute in Indien fortbesteht, sind die Jaina oder Jainisten. Ihr Gründer, Nigantha Nātaputta, stammte aus dem Herrscherhaus der Stammesrepublik Licchavī. (In Karl Eugen Neumanns Überset-

Gegenbewegungen

Jainismus

zung des Pāli-Kanons ist häufig von seinen Anhängern als den »Nighantern« die Rede.) Bekannter ist er unter seinem späteren Ehrentitel Mahāvīra, »großer Held«. Die Jainisten glauben an die Existenz unendlich vieler, reiner Individualseelen, die aber durch das irdische Leben in Raum und Zeit kontaminiert und durch das auf diese Weise angesammelte schlechte Karma an der Erlösung gehindert werden. Reinigung von den schädlichen Einflüssen des Karmas und damit eine Befreiung aus dem schmerzhaften Kreislauf der Wiedergeburten kann nur durch allerstrengste Askese und kompromisslose Gewaltlosigkeit erwirkt werden. Zu den markantesten Grundsätzen der Jainisten gehört bis heute absolut gewaltfreies Verhalten gegenüber jedem auch noch so mikroskopisch kleinen Lebewesen.

Indien: Lomasrishi-Höhle in den Barābar Hills. Um 250 v. Chr. vom buddhistischen Herrscher Aśoka für Ājīvaka-Asketen geschaffen.

Mahāvīras Lebensweg weist so viele Parallelen zu demjenigen Buddhas auf, dass die frühe indologische Forschung in Europa die Jaina zunächst für eine buddhistische Sekte hielt, obwohl Buddha ganz im Gegensatz zu ihnen die Existenz einer Seele leugnete und strenge Kasteiungspraktiken verwarf. Im 7. Jahrhundert n. Chr. schildert der chinesische Pilger Xuanzang, dass sie »Tag und Nacht den glühendsten Eifer« entwickelten, »ohne sich nur einen Augenblick Ruhe zu gönnen«. Er behauptet auch, dass die Schriften des Mahāvīra »zum größten Teil aus den Büchern Buddhas abgeschrieben« worden seien (Grousset 2003, S. 260 f.).

Andere Lehrer   Eine ganz eigene Weltsicht vertraten auch die Ājīvaka um Makkhali Gosāla. Sie hingen einem extremen Determinismus an, nach dem das Universum ein geschlossenes, in jedem Detail vorherbestimmtes System ist, auf das der Mensch, so sehr er sich auch bemühen mag, keinen Einfluss hat. Buddha kritisierte diese fatalistische Weltbetrachtung entschieden.

Ajita Keśakambala, ebenfalls ein Zeitgenosse Buddhas, gründete die Schule der Lokayata, die konsequente Nihilisten waren. Nach ihrer Lehre setzt sich die Welt, und so auch der Mensch, aus den vier Grundelementen Erde, Wasser, Feuer und Wind zusammen, in die jedes lebende Wesen nach seinem Tod unweigerlich wieder zerfällt. Der persönliche Lebenswandel – gut oder schlecht – hat keinerlei jenseitige Konsequenzen. In der »Lehrrede von den Früchten der Askese« berichtet König Ajātashatru dem Buddha, wie er verschiedene Lehrer über das Verdienst der guten Taten befragt und von Ajita Keśakambala folgende Antwort erhalten habe: »Almosengeben, großer König, Verzichtleisten, Spenden – es ist alles eitel; es gibt keine Saat und Ernte guter und böser Werke; Diesseits und Jenseits sind leere Worte; Vater und Mutter und auch geistige Geburt sind hohle Namen; die Welt hat keine Asketen und Priester, die vollkommen und vollendet sind, die sich den Wert dieser und jener Welt begreiflich machen, anschaulich vorstellen und erklären können. Aus den vier Hauptstoffen ist der Mensch entstanden; wenn er stirbt, geht das Erdige in die Erde ein, in die Erde über, geht das Flüssige in das Wasser ein, in das Wasser über, geht das Feurige in das Feuer ein, in das Feuer über, geht das Luftige in die Luft ein, in die Luft über, in den Raum zerstreuen sich die Sinne. Mit der Bahre zufünft schreiten die Leute mit dem Toten hinweg. Bis zur Verbrennung werden Sprüche gesungen. Dann bleichen die Knochen. Opfer werden entflammt, Geschenke ausgeteilt als Almosen. Unsinn, Lüge, Faselei bringen sie vor, die da behaupten, es gäbe etwas. Seien es Toren, seien es Weise: bei der Auflösung des Körpers zerfallen sie, gehen zugrunde, sind nicht mehr nach dem Tode.« (D 2; zit. n. KEN 2, S. 41)

Der Skeptiker und Nihilist Sanjaya Vellathiputta stellte einschließlich der Konzepte des Ātman und Brahman alles in Frage und behauptete, eine letzte unveränderliche Wahrheit sei inexistent. Śāriputra und Maudgalyāyana, die zu den zehn Vgl. S. 49 bedeutendsten Jüngern Buddhas gezählt werden, waren zunächst seine Schüler.

Offenbar war Nordindien zur Zeit Buddhas ein idealer Nährboden für philosophische und intellektuelle Prozesse und Umwälzungen. Einige heutige Autoren erkennen im Buddhismus eine »oppositionelle Reformbewegung« (Meisig 1995, S. 21 ff.) gegen die religiösen Strukturen des Brahmanismus. Die Lehre Buddhas ist zunächst eine Entwicklung unter mehreren, steht also neben den neuen vedischen Erlösungskon-

Siddhārtha wird aus der Seite seiner Mutter Māyā geboren, Lalit-
pur, Nepal, 9. Jahrhundert n. Chr.

zepten der *Upanishaden*, dem Weg der absoluten Askese und Gewaltlosigkeit des Jainismus und anderen Ideen, die die Zeit nicht überdauert haben. Hinzu kommt, dass Herrscherhäuser wie das der Śākya oder der Licchavī, aus dem der Gründer des Jainismus und Zeitgenosse Buddhas Mahāvīra stammte, zu den Verlierern gegenüber den neuen politischen Ordnungen gehörten, wie sie die Königreiche Māgadha und Kośala darstellten. Buddhas Heimatstadt Kapilavastu beispielsweise wurde zu seinen Lebzeiten von Kośala zerstört. Somit liegt Buddhas und Mahāvīras Suche nach neuen geistigen Wegen und Werten durchaus auch in einer konkreten historischen Situation begründet.

Geburt, Jugend und Aufbruch

Gefeiert wird Buddhas Geburtstag – »Buddha-Jayanti« – in buddhistischen Ländern in der Vollmondnacht im April/ Mai, ein Zeitpunkt, der freilich nicht historisch belegt ist. Auch über das genaue Jahr seiner Geburt herrscht bisher keine Übereinstimmung. Gängiger Überlieferung nach lebte er von 563 bis 483 v. Chr. Alle westlichen Indologen halten die diesen Daten zugrunde liegenden Berechnungen für falsch. In der neueren Forschung (vgl. Bechert 1986) verbreitet ist eine behutsame Eingrenzung von Buddhas Geburt auf einen ebenfalls noch umstrittenen Zeitraum irgendwann vor dem Alexanderfeldzug nach Indien (327-325 v. Chr.). Es wird angenommen, dass der spätere Buddha als Sohn des Śuddhodana Gautama geboren wurde, der ein Oberhaupt der Volksgruppe der Śākya im nördlichen Indien war. Der Sohn erhielt den persönlichen Namen Siddhārtha.

Als Siddhārtha Gautamas Geburtsort gilt Lumbinī, heute in **Lumbinī** Nepal nahe der indischen Grenze gelegen. Zum Gedenken an dieses Ereignis ließ der buddhistische Herrscher Aśoka (reg. 268-233 v. Chr.) dort eine Säule aufstellen und gewährte dem Ort Steuerfreiheit. Heute bilden ein Buddhas Mutter Māyā geweihter Tempel, der der Überlieferung nach die Stelle der Geburt markiert, und ein Wasserbassin, in dem Māyā und ihr Kind gebadet haben sollen, das Zentrum eines ausgedehnten Areals, in dem zahlreiche buddhistische Länder sowie deutsche und französische Buddhisten Tempel unterhalten. Nach einem Entwurf des japanischen Architekten Kenzo Tange entstand dort in den 1990er Jahren das Lumbinī International Research Institute.

Kapilavastu Über Siddhārthas Kindheit und Jugend in der Śākya-Hauptstadt Kapilavastu finden sich im Pāli-Kanon nur wenige Anhaltspunkte. Herauslesen lässt sich jedoch, dass er alle Annehmlichkeiten eines Jünglings aus dem Herrscherhaus genoss. Zum entscheidenden Wendepunkt für Siddhārthas Leben wurden die »Vier Ausfahrten«, auf denen er erstmals mit den unausweichlichen Realitäten des menschlichen Lebens – Krankheit, Alter und Tod – konfrontiert wird. Eine lebendige Schilderung der Vier Ausfahrten findet sich im *Lalitavistara*, einem umfangreichen Sanskritwerk, das das Leben Buddhas in leuchtenden Farben schildert, sowie in anderen Sanskrittexten, die an der Seidenstraße gefunden wurden.

Siddhārthas Geburt

Vor über zweieinhalbtausend Jahren lebte im Norden Indiens zu Füßen des Himalaja das Volk der Śākya, in dessen Hauptstadt Kapilavastu der König Śuddhodana regierte. Eines Nachts träumte seine Gattin Māyā, wie in einer Wolke vom heiligen Berg Kailaś kommend ein wunderschöner weißer Elefant mit sechs Stoßzähnen und einer Lotusblume im Rüssel in ihre rechte Seite eindrang. Die eilends herbeigerufenen Traumdeuter prophezeiten der Königin die Geburt eines Sohnes, der in späterer Zeit zu vollkommener Weisheit gelangen werde.

Als Māyā die Geburt herannahen fühlte, machte sie sich auf den Weg in ihr Elternhaus in der Stadt Devadaha, wo sie mit ihrem Vater zu den Lumbinī-Gärten hinausfuhr, um die Schönheit der Natur zu genießen. Ein kerzengerader, prächtiger Sal-Baum mit Blättern, die glänzten wie die Kopffedern eines Pfaus, erhob sich dort. Als Māyādevi sich ihm näherte, neigte der Baum ihr seine Äste zu, um ihr Halt zu bieten, und sie gebar aus ihrer Seite einen Sohn mit goldfarbener Haut, der sogleich sieben Schritte in jede Himmelsrichtung tat. Jedem seiner Schritte entspross eine Lotusblüte.

König Śuddhodana nannte das Kind Siddhārtha, was voll-

Über die geographische Lage der Stadt Kapilavastu ist noch immer ein Gelehrtenstreit im Gange, bei dem es sich jedoch in der Hauptsache um ein Politikum zu handeln scheint. Sowohl Nepal als auch Indien beanspruchen das »echte« Kapilavastu für sich. Unter unabhängigen Archäologen gilt aufgrund topographischer Gegebenheiten als gesichert, dass die Ausgrabungsstätte bei Thilaurakot in Nepal das ursprüngliche Kapilavastu war, während die Ausgrabungsstätte bei Piprahvā in Indien als Neuanlage Kapilavastus angesehen wird, da der Heimatort Buddhas, wie erwähnt, bereits zu seinen Lebzeiten von Kośala zerstört wurde. Dennoch hat Piprahvā einen sensationellen archäologischen Fund vorzuweisen. Vor über hundert Jahren erregte dort ein großer Stūpa aus Ziegelsteinen die Aufmerksamkeit des britischen Grundbesitzers W. C. Peppé. Er ließ fünf Meter tief in den Scheitel des Stūpa hineinbohren, wobei man auf mehrere kleine Speckstein-

kommene Erfüllung bedeutet. Sieben Tage nach seiner Geburt starb die Königin Māyā, und ihre Schwester Prajāpatī, die selbst einen kleinen Sohn namens Nanda hatte, wurde Siddhārthas Pflegemutter.

Unter den Astrologen, die der König herbeirief, um das Horoskop des Kronprinzen zu erfahren, war der alte Weise Asita, der prophezeite, aus dem jungen Prinzen würde entweder ein Weltenherrscher werden oder – sollte er Mönch werden – ein erhabener Buddha.

Śuddhodana gefiel diese Prophezeiung nicht, und er bemühte sich, alles Unangenehme und Unschöne von seinem Sohn fern zu halten. Siddhārtha sollte nicht ins Grübeln kommen. Er trug prächtige Kleider und Schmuck und unablässig sorgten Tänzerinnen und Musikanten für seine Unterhaltung. Mit sechzehn Jahren heiratete Siddhārtha die schöne Yaśodharā. Auch ließ der König einen Wall um den Palast bauen, der nur ein Tor hatte, und ergriff viele andere Vorsichtsmaßnahmen, damit Siddhārtha nur ja nicht die Freude am Dasein verlöre. (Legenden aus dem Leben Buddhas sind Bestandteil vieler Werke. Hier und auch im Folgenden werden sie nacherzählt von U. G.)

urnen stieß, von denen eine folgende Inschrift trug: »Diese Urne der Reliquien des Buddha haben gestiftet die Śākya des Sukiti und seine Brüder, Schwestern, Söhne und Frauen.« Spätere Forscher haben herausgefunden, dass die Urne nicht diejenige sein kann, in der Buddhas Asche direkt nach seinem Tod beigesetzt wurde. Schrifttypus und Stil verweisen auf das 1. Jahrhundert v. Chr.

Die Vier Ausfahrten

Eines Tages langweilte sich Siddhārtha. Er fühlte sich ruhelos und schickte nach seinem Wagenlenker Channa. Er wolle ausfahren, um die Landschaft außerhalb des Palasts zu sehen. Doch Channa erstattete König Śuddhodana Bericht, worauf dieser sogleich befahl, die Straßen der Stadt zu säubern, zu schmücken und mit Parfüm zu besprengen. Kapilavastu glich nun einer Märchenstadt. Alles, was Siddhārtha Alter, Krankheit und Tod zu Bewusstsein bringen konnte, wurde entfernt. Kaum hatte indes die Kutsche des Prinzen die Stadt verlassen, als ihr ein ausgemergelter Greis entgegenwankte. Zutiefst erschrocken fragte Siddhārtha, was es mit dieser Jammergestalt denn auf sich habe, und Channa musste ihm erklären, dass der Mann vom Alter gezeichnet sei. Siddhārtha erfuhr, dass kein Mensch davon verschont bleibt. Betrübt brach er seinen Ausflug ab.

Nach einer Weile wurde Siddhārtha erneut seiner Vergnügungen überdrüssig und drängte auf einen Ausflug. Wieder ließ der König die Stadt schmücken, aber Siddhārtha stieß dennoch vor ihren Toren auf eine ausgezehrte Gestalt, die vor Schmerzen wimmernd am Wegesrand lag, so dass er entsetzt den Wagen wenden ließ und in den Palast zurückkehrte. Der König versuchte nun die Freuden seines Sohnes noch zu steigern. Und abermals lebte Siddhārtha im Bann seiner Lust.

Zweimal noch fuhr er aus der Stadt hinaus. Bei der dritten Ausfahrt begegnete er einem Trauerzug mit einem Toten und bei der vierten schließlich einem hauslosen Bettelmönch auf der Suche nach der Erlösung vom Leiden des Daseins.

23

Leben

Die Große Entsagung

Nach seiner Begegnung mit Alter, Krankheit und Tod verlässt Siddhārtha Gautama der Überlieferung zufolge mit 29 Jahren offenbar gegen den Willen seiner Familie sein Heim und zieht in die »Hauslosigkeit«, das heißt, er wird Wanderasket.

Im Pāli-Kanon schildert der nun Erwachte einem jungen »Niganther«, also einem Jaina, wie ihm die Sinnlosigkeit eines weltlichen Lebens bewusst geworden war und er seinen Entschluss gefasst hatte: »Ein Gefängnis ist die Häuslichkeit, ein Schmutzwinkel. Der freie Himmelsraum ist die Pilgerschaft. Nicht wohl geht es, wenn man im Hause bleibt, das völlig geklärte Asketentum Punkt für Punkt zu erfüllen. Wie, wenn ich nun mit geschorenem Haar und Barte, mit fahlem Gewande aus dem Hause in die Hauslosigkeit hinauszöge? Und ich zog in frischer Blüte im Genusse glücklicher Jugend gegen den Wunsch meiner weinenden, klagenden Eltern vom Hause fort.« (M 36; zit. n. KEN 1, S. 267)

Da viele Fragen ihn bewegen, beschließt Siddhārtha, sich einem Lehrer anzuvertrauen. »Also Pilger geworden, das wahre Gut suchend, begab ich mich zu Ālāro Kālāmo. [...] Und ich begriff binnen kurzem, sehr bald diese Lehre.« (M 26; zit. n. KEN 1, S. 186) Darauf bittet er seinen Meister, ihn mehr zu lehren, skizziert aber die weitere Unterweisung nur in einem Satz: »Hierauf stellte Ālāro Kālāmo das Reich des Nichtdaseins dar.« (Ebd.) Auch diese Kenntnis macht Siddhārtha sich mühelos zu eigen, und Ālāra Kālāma erklärt seinen Schüler nun für ebenbürtig und bietet ihm an, von jetzt an gemeinsam zu lehren. Aber Siddhārtha weiß, dass er noch längst nicht am Ziel seiner Suche angelangt ist: »Nicht diese Lehre führt zur Abkehr, zur Wendung, zur Auflösung, zur Aufhebung, zur Durchschauung, zu Erwachung, zu Erlöschung, sondern nur zur Einkehr in das Reich des Nichtdaseins.« (M 26; zit. n. KEN 1, S. 187) Als nächsten Lehrer wählt er sich Udraka Rāmaputra, der ihm die »Grenzscheide möglicher Wahrnehmung« darlegt. Nachdem er auch dessen Lehre, die ihm als »gewöhnlich, gemein, alltäglich, unheilig« (D 29; zit. n. KEN 2, S. 505) erscheint, völlig durchdrungen hat, begibt er sich wieder auf die Suche.

Siddhārthas
Lehrer

Die Flucht aus dem Palast

Unter dem Eindruck seiner vier Ausfahrten beschloss Siddhārtha, der Welt zu entsagen. Eines Nachts, als alle im Palast schliefen, betrachtete er seine schöne junge Frau Yaśodharā, die ihr Söhnchen Rāhula in den Armen hielt. Die beiden schliefen tief. »Wenn ich sie wecke und meinen Sohn in die Arme nehme, werde ich es nicht übers Herz bringen zu gehen«, dachte Siddhārtha, »aber ich muss.« Er rief nach Chandaka, seinem Stallknecht, der am gleichen Tag wie er geboren war, und befahl ihm, sein edles Pferd Kantaka zu satteln. Chandaka versuchte Siddhārtha zurückzuhalten, indem er ihm sein reiches und angenehmes Leben voller Musik, kostbarer Kleider, Lust und Liebe vor Augen führte. »Du bist noch so jung, hast volles schwarzes Haar und einen geschmeidigen Körper. Wer wie du in den Künsten der Liebe so erfahren ist, sollte sie genießen! Fasten und Büßen kannst du immer noch, wenn du alt bist.« Doch Siddhārtha hatte kein Interesse mehr an diesen Verlockungen. Er bestieg das Pferd Kantaka und ritt ohne Abschied aus der Stadt. Als sie in den Wald gelangten, wo die Śramana – die hauslosen Asketen – lebten, schickte der Prinz sein Pferd zurück. Als es ohne Siddhārtha in Kapilavastu ankam, brach große Trauer und Entsetzen aus. Yaśodharā warf Chandaka vor, er habe ihr und dem Sohn den geliebten Mann und Vater gestohlen, und König Śuddhodana verwünschte das Pferd Kantaka, so dass es vor Kummer starb.

Es wird vermutet, dass die beiden Lehrer Siddhārtha in Yogapraktiken und Meditationstechniken einwiesen, deren Ursprünge bis in vorarische Zeiten zurückgehen und die bis heute ein integraler Bestandteil indischen Geisteslebens sind. Der Yogi bemüht sich, die menschliche Art zu leben aufzuheben, das heißt »in indischen Ausdrücken die nichterleuchtete dem Leiden geweihte Existenz – und erhält eine unbedingte Seinsweise: das, was die Inder die Erlösung, die Freiheit« (Eliade 1997, S. 198) nennen. Zu diesem Zweck sucht der Yogi die Einsamkeit auf, fastet, verharrt über lange Zeit reglos in einer Haltung, verlangsamt seine Atmung bis zum Fast-Stillstand und versucht alles unkontrollierte Denken zu binden.

Leben

Dadurch hofft er, sein unerleuchtetes Dasein »abzutöten« bzw. zu bezwingen, um sich in einen von profanen, aber lebensnotwendigen Bedürfnissen wie Nahrung, Schlaf, Atmung etc. unabhängigen, also befreiten Zustand zu versetzen.

Siddhārtha Gautama wandert also weiter durch Māgadha »von Ort zu Ort«, bis in die Nähe von Uruvelā, an »einen entzückenden Fleck Erde: einen heiteren Waldesgrund, einen hellströmenden Fluß, zum Baden geeignet, erfreulich, und ringsumher liegen Wiesen und Felder«. Er beschließt, sich dort niederzulassen, denn »das genügt wohl einem Askese begehrenden edlen Sohn der Askese« (M 36; zit. n. KEN 1, S. 270).

Er wird zum Śākyamuni, zum »Śākya-Asketen«, wie der historische Buddha oft genannt wird, und beginnt äußerste For-

Asket aus dem Hause Śākya

Indien: Heutiger indischer Asket im Raghunath-Tempel in Jammu.

men des Yoga zu praktizieren, offenbar genau in der Art, wie er sie bei seinen Lehrern Ālāra und Udraka erlernt hat. Er lebt in Einsamkeit, fastet, setzt sich Hitze und Kälte aus, schläft nackt im Gestrüpp, meditiert und hält den Atem an, bis er das Bewusstsein verliert. Dennoch fehlt in seiner eigenen drastischen Schilderung dieser erbarmungslosen Selbstkasteiung an keiner Stelle der Hinweis, dass das so erzeugte »Wehgefühl« nicht zu seiner Seelenruhe beiträgt. Sogar das Gegenteil ist der Fall, wenn auch seine grausame Härte gegen sich selbst die Bewunderung anderer erregt und sich fünf Śramana um ihn scharen wie um einen Lehrer.

»Ich begab mich, das wahre Gut suchend, auf den Pfad der

Askese. Da kam mir der Gedanke: ›Wie, wenn ich nun mit aufeinandergepreßten Zähnen und an den Gaumen gehefteter Zunge durch den Willen das Gemüt niederzwänge?‹ Und ich quälte, ich rang, drückte es durch diese schmerzliche Askese nieder. Gleichwie, wenn ein starker Mann einen schwächeren beim Kopf oder bei der Schulter ergreifend niederzwingt, niederdrückt, niederquält, ebenso rieselte mir der Schweiß aus den Achselhöhlen. Gestählt war zwar meine Kraft, unbeugsam, aber regsam war da mein Körper, nicht ruhig geworden durch die schmerzliche Askese, die mich antrieb. Und das mir solcherart entstandene Wehgefühl konnte mein Gemüt nicht fesseln.

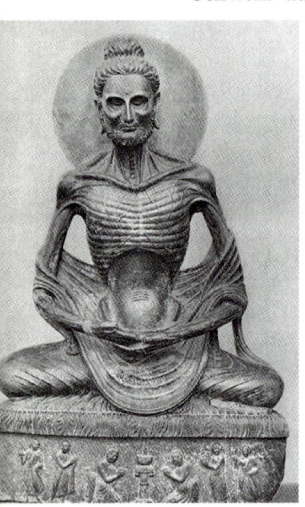

So fuhr ich fort, indem ich die Einatmungen von Nase und Mund einhielt, immer weiter, bis mir überheftige Strömungen durch Kopf und Bauch schnitten. Gleichwie etwa, wenn ein starker Mann mit scharfer Dolchspitze die Schädeldecke zerhämmerte und ein geschickter Schlächter mit scharfem Schlachtmesser den Bauch durchschlitzte. Doch auch das solcherart entstandene Wehgefühl konnte mein Gemüt nicht fesseln.

Da kam mir der Gedanke: ›Wie, wenn ich nun wenig, wenig Nahrung zu mir nähme, eine

Buddhas Askese. Schiefer, Gandhāra, 2./3. Jahrhundert n. Chr.

hohle Handvoll und noch eine, als wie Bohnenbrühe oder Linsenbrühe?‹ So wurde mein Körper außerordentlich mager. Wie dürres welkes Rohr wurden meine Beine, wie ein Kamelhuf mein Gesäß, wie eine Kugelkette mein Rückgrat durch diese strenge Nahrungsaufnahme. Um diesen Körper zu stärken, rieb ich mit der Hand die Glieder, da fielen die wurzelfaulen Körperhaare aus durch diese geringe Nahrungsaufnahme.« (M 36; zit. n. KEN 2, S. 272 f.)

Es scheint ihn nicht mehr viel vom Tod zu trennen.

Nach sechs Jahren strenger Askese gelangt Siddhārtha Gautama zu einer Erkenntnis, die mit den uralten indischen Erleuchtungsmethoden – wie sie heute noch praktiziert werden – bricht und ihnen mit schlichter Rationalität entgegentritt, ja sie widerlegt: Übertriebene Askese und Selbstqual verstellen den Weg zur Erleuchtung. Vor seinem inneren Auge sieht Siddhārtha ein Erlebnis aus seiner Kindheit: Im kühlen Schatten eines Baumes sitzend, hatte er beim Blick über die Felder seiner Heimat einen Zustand wunschloser Heiterkeit empfunden, der sich ihm nun in der Erinnerung als ein erster Schritt zum Erwachen deutet. Seine Askese hat ihn in eine Sackgasse geführt, an deren Ende er jetzt angelangt ist. Es gibt für ihn keine andere Konsequenz, als den althergebrachten Erleuchtungsweg des Yogi zu verlassen: »Was für Asketen auch je in Vergangenheit, Gegenwart oder Zukunft schmerzliche bittere Gefühle erfahren haben, erfahren und erfahren werden: das ist das höchste, weiter geht es nicht. Und doch erreiche ich durch diese bittere Schmerzensaskese kein überirdisches, reiches Heiltum der Wissensklarheit. Es gibt wohl einen anderen Weg zur Erwachung.« (M 36; zit. n. KEN I, S. 275) Er beschließt, zunächst ein Bad im Fluss Nairanjana zu nehmen und die Speise zu essen, die ihm das Mädchen Sujatā anbietet. »Und ich nahm gekochten Reisbrei zu mir, gewann Kraft und erwirkte gar fern von Begierden, fern von unheilsamen Dingen, in sinnend gedenkender, ruhegeborener seliger Heiterkeit die Weihe der ersten Schauung.« (M 36; zit. n. KEN I, S. 276)

Seine fünf Asketen sind entsetzt über den Sinneswandel ihres Vorbilds, den sie als Schwäche und Aufgabe deuten. Enttäuscht und empört kehren sie sich von Siddhārtha ab. Dieser beginnt jedoch unter einem Bodhi-Baum (lat. *ficus religiosa*; Pipal) in Uruvelā mit dem entscheidenden Meditationszyklus der »vier Schauungen«, der sich über drei Nachtwachen erstreckt und schließlich zu seinem »Erwachen« (Skt., P. Bodhi) führt. In der ersten Nacht kommt ihm der ewige Kreislauf des Daseins zu Bewusstsein, in der zweiten erinnert er sich all seiner Vorleben und in der dritten kommt er zur Erkenntnis der Verkettung und Bedingtheit aller Daseinszustände, durch die er zur Entwicklung der Vier Edlen Wahrheiten gelangt. Doch zuvor schleicht sich noch einmal Māra, Verkörperung des Todes und der Versuchung, an Buddha heran. Das *Padhāna-Sutta* des Pāli-Kanons schildert in Dialogform ein Streitgespräch zwischen dem Erwachten und Māra, der hier psy-

Buddha, der Erwachte

Māras Versuchungen

Siddhārtha saß ruhig meditierend unter dem Bodhi-Baum und Māra, der König der Leidenschaften, zitterte vor Furcht. Da fragten ihn seine drei Töchter Unzufriedenheit, Lust und Gier, was denn mit ihm sei. »Da drüben unter dem Bodhi-Baum sitzt Siddhārtha im Panzer seines Gelübdes und legt den Pfeil der Weisheit in den Bogen seines Entschlusses. Er wird mein Reich erobern. Ich muss ihn dazu bringen, sein Gelübde zu brechen.« Und Besorgnis vortäuschend trat Māra zu Siddhārtha und raunte ihm zu: »Du siehst schlecht aus, Siddhārtha. Du solltest einmal richtig schlafen. Außerdem ist es gefährlich hier in der Nacht, Sohn der Śākya, böse Geister werden kommen und dich verschlingen. Geh nach Uruvelā ins Dorf und suche dir einen sicheren, bequemen Schlafplatz.« Doch Siddhārtha hörte nicht auf ihn.

Darauf schoss der Herr der Begierden seine giftigen Pfeile auf ihn und beauftragte seine Töchter, Siddhārtha zu verführen. Sie tanzten in den aufreizendsten Posen und sangen, doch der Meditierende blieb ungerührt. »Damit ist ihm nicht beizukommen«, dachte Māra erbost und rief seine grässlichen Soldaten. Sie hatten Köpfe wie Bären, Fische, Pferde oder Kamele und hielten grausame Waffen in ihren Klauen. Einige waren einäugig, hatten riesige Hängebäuche, bluttriefende Zähne oder Schädel anstatt Gesichtern. Doch alles Toben und Wüten half nichts. Darauf fragte Māra Siddhārtha, warum er sich denn so gar nicht fürchte. Seine Tugend in früheren Leben gäbe ihm diese Kraft, erwiderte dieser. Höhnisch fragte Māra ihn, ob er dafür vielleicht einen Zeugen habe. Siddhārtha berührte mit der rechten Hand den Boden und rief die Erde als seine Zeugin an. Alles bebte und erzitterte, als die Erde ihr Zeugnis für Siddhārtha ablegte, und beim Anbruch der Morgendämmerung erreichte er den Zustand vollkommenen Erwachtseins.

chologisch und rhetorisch sehr geschickt agiert, indem er zunächst Mitleid mit der abgezehrten Gestalt Buddhas heuchelt. Sodann versucht er, Buddha zur Rückkehr zum weltlichen Leben zu überreden, und zwar nicht, indem er ihm dessen Verlockungen vor Augen führt, sondern die Möglichkeit, gute Taten zu verrichten. Besonders interessant ist jedoch Māras Rat, »einen frommen Wandel« zu führen und »Feueropfer« darzubringen, um Verdienste zu erwerben, denn damit weist sich der Böse hier eindeutig als Vertreter brahmanischer Sitten aus. Am Ende muss er betrübt kapitulieren und mit dem Musikinstrument, das er offenbar bei sich trägt, von dannen ziehen: »Des von Kummer Heimgesuchten Lautenband fiel nieder, und der übelgesinnte Unhold verschwand.« (Mylius 2000, S. 271 ff.)

In der Nähe des alten Uruvelā liegt heute Bodhgayā, der Ort, an dem die Buddhisten aller Welt der Wandlung des Siddhārtha Gautama zum Buddha gedenken. Bodhgayā trägt seinen Namen im Andenken an sein »Erwachen« (Skt. Bodhi) und ist die wichtigste und heiligste Pilgerstätte der Buddhisten.

Bodhgayā
Vgl. Karte 1, S. 145

In seinem Standardwerk *Der historische Buddha* (1993, S. 76) berichtet Hans Wolfgang Schumann, der Bodhi-Baum werde »täglich von einigen Dutzend Pilgern besucht«. Inzwischen hat sich die Verehrung des berühmten Baumes derart gesteigert, dass ihn die so überreichlich gespendeten Opfer aus Milch und Süßigkeiten erkranken ließen und er durch einen Zaun geschützt werden muss. Dieses Detail ist symptomatisch für den Aufschwung, den Bodhgayā im vergangenen Jahrzehnt erlebt hat und der (ebenso wie die Bautätigkeit am Geburtsplatz Lumbinī) eine Folge der wachsenden internationalen Bedeu-

tung des Buddhismus ist. Zu Bodhgayās rapider Entwicklung trägt auch bei, dass der 14. Dalai Lama hier seit mehreren Jahren immer wieder das Kālacakra (Skt. »Rad der Zeit«, s. S. 93) zelebriert, ein hochkomplexes buddhistisches Tantra, in dem Entstehung und Entwicklung des Universums dargelegt sind und das über mehrere Meditationssysteme verfügt. Zu diesem spektakulären Ereignis, über das Werner Herzog in seinem Dokumentarfilm *Rad der Zeit* (2003) berichtet, finden sich stets Abertausende von Buddhisten verschiedener Nationen ein, so dass das einstmals verschlafene Bodhgayā weitreichenden Veränderungen unterworfen ist. Spiritueller (und kunst-

Bhūmīsparśa-Mudrā: Buddha ruft die Erde als Zeugin an, indem er mit der rechten Hand den Boden berührt, Nepal, 12. Jahrhundert n. Chr.

Indien: Der
Mahābodhi-Stūpa
in Bodhgayā
markiert den
Platz, an dem
Siddhārtha zum
Buddha wurde.

historischer) Mittelpunkt des Ortes ist der 52 Meter hohe
Mahābodhi-Tempel aus Sandstein, in dessen Innerem sich
eine vergoldete Skulptur Buddhas in der Bhūmīsparśa-Hand-
haltung (Bhūmī, Skt. »Erde«; sprś, »berühren«) befindet, das
heißt, er berührt mit den Fingerspitzen der rechten Hand die
Erde, um sie als Zeugin seiner Buddhaschaft anzurufen. An-
grenzend an den Tempel befinden sich der heilige Bodhi-
Baum, zahlreiche Votivstūpas und Buddhaskulpturen.
Archäologische Untersuchungen haben ergeben, dass an der
Stelle des heutigen Mahābhodi-Tempels ein von Aśoka im 3.

Leben

Jahrhundert v. Chr. errichteter Tempel stand, der im 7. Jahrhundert ausgebaut und im 12. durch muslimische Invasoren zerstört wurde. Seine jetzige Gestalt erhielt er im 14. Jahrhundert, geriet aber durch das Schwinden des Buddhismus in Vergessenheit und diente als hinduistischer Tempel. Erst 1811 wurde er durch den Leiter des Archaeological Survey of India, Alexander Cunningham, als buddhistisches Bauwerk wieder erkannt.

Sieben Gedenkstellen auf seinem Gelände gelten als besonders heilig. Der Überlieferung nach hat Buddha – im *Lalitavistara* nun der »Pfadvollender« genannt – sich sieben Wochen oder 49 Tage in der Nähe des Baumes aufgehalten, von denen er nur die erste Woche direkt darunter verbrachte. In der Legende heißt es, der Baum sei am Tage von Siddhārthas Geburt gesprossen. Der gegenwärtige Bodhi-Baum stammt von einem Ableger aus Anuradhapura auf Sri Lanka, der dort von Kaiser Aśokas Tochter Sanghamitta im 3. Jahrhundert v. Chr. gepflanzt worden sein soll. Eine rote Sandsteinplatte markiert den »Diamantsitz«, jene Stelle, an der Buddha, den Blick nach Osten gerichtet, meditierte. Aśvagosha, der Autor des *Buddhacarita*, eines Legendenzyklus über Buddhas Leben aus dem 1. Jahrhundert, nannte diesen Punkt »den Nabel der Welt«. Zu den sieben Stationen gehört auch ein Wasserbecken, nach dem *Lalitavistara* ehemals ein Teich, an dem der Schlangenkönig Mucalinda seine Haube spreizte und Buddha so vor einem tobenden Gewitter beschirmte.

Vgl. S. 149

Vgl. S. 149

Das Rad der Lehre

Um seine fünf ehemaligen Gefährten, die sich von ihm abgekehrt hatten, an seiner Erkenntnis teilhaben zu lassen, macht Buddha, der Erwachte, sich nun auf den Weg nach Vārānasī (Benares), der heiligen Stadt am Ganges. Ganz in der Nähe der Stadt im Hirschgarten oder Gazellenhain von Rishipatana (P. Isipattana), so genannt nach den Rishi oder Sehern, die dort im Schatten der Bäume meditieren, und von Karl Eugen Neumann poetisch »am Sehersteine im Wildpark« übersetzt, findet er sie. Heute liegt hier der Ort Sārnāth mit einem archäologischen

Rad und Hirsche, das Symbol für Buddhas Predigt im Hirschgarten von Sārnāth.

Park, einem kleinen, aber bedeutenden Museum und zahlreichen Tempeln verschiedener buddhistischer Glaubensrichtungen und Nationen. Wie Bodhgayā gehört Sārnāth zu den wichtigen Pilgerstätten des Buddhismus, denn hier hat Gautama Buddha »das Rad der Lehre in Bewegung gesetzt«.

Nirvāna Die fünf alten Gefährten sind die Ersten, denen er seine Lehre – den Dharma – vom Vermeiden der Extreme, also vom »Mittleren Weg«, verkündet. Kernstück seiner Predigt sind die Vier Edlen Wahrheiten und der Edle Achtfältige Pfad, der aus dem Geburtenkreislauf zum Nirvāna führt. Nirvāna leitet sich von der Sanskritwurzel vā mit dem Präfix nis- (das aufgrund einer euphonischen Regel zu nir- wird) her, die »erlöschen« oder »verwehen« heißt. Gemeint ist jedoch nicht das Erlöschen einer Person, sondern das Verlöschen des Feuers der Begierden. Diese erste Predigt des Erwachten wird auf Pāli »Dhammacakkapavattanasutta« (Skt. Dharmacakraparvartanasūtra) genannt – Predigt vom In-Bewegung-Setzen des Rades (P. Cakka) der Lehre (P. Dhamma). Ihr Leitgedanke lässt sich im Grunde in der einfachen, aber unstrittigen Aussage »das Leben ist schwer« zusammenfassen.

Buddha setzt das Rad der Lehre in Bewegung, Nordindien, 5. Jahrhundert n. Chr. Im Hirschgarten von Sārnāth gründet Buddha auch seine Ordensgemeinschaft, den Sangha, und errichtet damit den letzten Eckpfeiler der Dreiheit, die den buddhistischen Glauben konstituiert. Triratna – die Drei Juwelen – werden sie genannt: Buddha, Dharma, Sangha – Buddha, die Lehre und die Gemeinde. Alle, die Aufnahme in eine buddhistische Gemeinschaft suchen, kündigen an, dass sie nun Zuflucht zu diesen drei Glaubensinhalten nehmen.

Im Zentrum von Buddhas Lehre steht das Leid, wie es aus den menschlichen Daseinszuständen erwächst, die ihm bei seinen Vier Ausfahrten begegnet waren und deren Unvermeidlichkeit seine Suche nach Befreiung ausgelöst hatte. Diese Zustände sind die schicksalhafte Folge der Grundursache allen Leidens: der Begierde, des »Durstes« (P. Tanhā; Skt. Trishnā), des Antriebs des Geburtenkreislaufs. Natürlich ist der Gedanke der Wiedergeburt dem Hinduismus verpflichtet, dem zufolge diese in alle Ewigkeit positiv oder negativ durch das gute oder schlechte Karma des Einzelnen, über das er weitgehende Entscheidungsgewalt hat, bestimmt wird. Buddha denkt viel radikaler. Da für ihn Leben und Leiden identisch sind, setzt eine Vermeidung des Leidens zugleich die Vermeidung des von karmischen Impulsen, das heißt vom gierigen Zwang, etwas zu tun – sei es nun gut oder schlecht –, gesteuerten Lebens voraus. Schon diese Triebe führen, vor der Tat an sich, zur Perpetuierung des Lebens und damit des Leidens. Gleichmütiges, interesseloses Tun hingegen hat keine karmische Wirkung. Daher nützt es auch nichts, absichtlich möglichst viel gutes Karma auf sich zu vereinigen, denn auch dieses Bestreben ist eine Form der Gier und führt lediglich zu einer erneuten, wenn auch angenehmeren Wiedergeburt. Ziel ist das vollständige Erlöschen aller Daseinswünsche.

> Buddham saranam gacchami
> Dharmam saranam gacchami
> Sangham saranam gacchami
> Ich nehme meine Zuflucht zu Buddha
> Ich nehme meine Zuflucht zur Lehre
> Ich nehme meine Zuflucht zur Gemeinde

> Die Vier Edlen Wahrheiten
> Die Wahrheit vom Leiden – Dukkha
> Die Wahrheit von der Entstehung des Leidens – Samudāya
> Die Wahrheit von der Aufhebung des Leidens – Nirodha
> Die Wahrheit vom Weg, der zur Aufhebung des Leidens führt – Mārga

Das Lebensrad

Eine besonders anschauliche Illustration des Mechanismus, den die menschliche, »Wiederdasein säende« Gier nach Lust, nach dem Sein und Werden und nach Zerstörung antreibt, ist das »Lebensrad« (Skt. Bhavacakra), das bereits im frühen Buddhismus als Metapher für das Entstehen und Vergehen allen Seins abgebildet wurde (z. B. in den Felsentempeln von Ajanta). Eine farbenprächtige Variante hat der tibetische Lamaismus geschaffen. Seinen Ursprung hat das Bild des Lebensrades in einer Legende aus den *Divyāvadāna*, den »Himmlischen Heldentaten«, einer Reihe von Sanskrit-Texten über das Wirken von Karma, die am Übergang des Hīnayāna- zum Mahāyāna-Buddhismus stehen und in Nepal gefunden wurden (vgl. Zimmer 1985, S. 11 f.). Das Lebensrad, das auch für lesensunkundige Betrachter die Zusammenhänge des Karmagesetzes erläutert, fehlt heute in keinem lamaistischen Tempel. Die tibetische Form des Lebensrads entspricht allerdings spätbuddhistischen Vorstellungen des Mahāyāna, die sich bereits weit vom rationalen Gefüge der ursprünglichen Lehre entfernt haben.

> So sind denn, ihr Mönche, durch Unwissen bedingt Unterscheidungen, ist durch Unterscheidungen bedingt Bewußtsein, ist durch Bewußtsein bedingt Bild und Begriff, durch Bild und Begriff bedingt sechsfaches Reich, durch sechsfaches Reich bedingt Berührung, durch Berührung bedingt Gefühl, durch Gefühl bedingt Durst, durch Durst bedingt Anhangen, durch Anhangen bedingt Werden, durch Werden bedingt Geburt, durch Geburt bedingt gehen Alter und Tod, Schmerz, Jammer, Leiden, Trübsal, Verzweiflung hervor: also kommt dieses gesamten Leidensstückes Entwicklung zustande.
> (Majjhimanikāya, Rede 38; zit. n. KEN 1, S. 291)

Ein Ungeheuer – Māra, der Tod, den wir aus der Buddha-Legende kennen, oder Yama, ein hinduistischer Totengott, der im Buddhismus zum Höllenfürsten und Totenrichter wurde – hält das Lebensrad in seinen Klauen. In der Nabe des Rades halten die »drei Ichtigkeiten« Gier, Hass und Unverstand (D 33; zit. n. KEN 2, S. 564), symbolhaft durch die drei Tiere Hahn (Gier), Schlange (Hass) und Schwein (Unverstand) dargestellt, unaufhörlich den Geburtenkreislauf in Gang. In die sechs Speichen des Rades sind in verschiedenen Farben die Welten eingepasst, deren Geschöpfe der Wiedergeburt unterworfen sind: 1. Götter (weiß), 2. Asura, eine Art Dämonen (grün), 3. Menschen (gelb), 4. Tiere (blau), 5. Hungergeister 6. Sünder (schwarz). Die »Bereifung« des Rades besteht aus zwölf Alltagsszenen, die die Voraussetzungen für Wiedergeburt illustrieren: Unwissen, Triebe, Bewusstsein, Form, Sinnesorgane, Objektwelt, Gefühle, Begierde, Festhalten am

Leben, Geburt, Alter und Tod. Innerhalb der sechs Wiederge-
burtsbereiche bietet die Menschenwelt die besten Möglich-
keiten, dem Kreislauf zu entrinnen, da nur der Mensch die
Fähigkeit besitzt, mit Hilfe des Edlen Achtfältigen Pfades das
Nirvāna zu erreichen. Die drei Grundübel, die im Zentrum
des Daseins das Rad der Wiedergeburt antreiben, werden im
Pāli-Kanon auch als die »drei Feuer« bezeichnet: »Feuer der
Gier, Feuer des Hasses, Feuer des Unverstandes«. Auf sie folgt
der Hinweis auf »noch andere drei Feuer: Opferfeuer, Altar-
feuer, Herdfeuer« (D 33; zit. n. KEN 2, S. 564), die negative
Auswirkungen auf die Erlösung des Menschen haben. Vielfach ist auf den einschneidenden Umstand hingewiesen worden, dass die Leben spendende, positive Macht des Feuers,
wie sie sich im *Rigveda* in Agni manifestiert, der gleichzeitig   Vgl. S. 11
das Feuer selbst und seine Personifizierung in Gestalt einer in
Glut gekleideten Feuergottheit ist, im buddhistischen Denken als schädlich und verzehrend umgedeutet wird. Auch die
Grundbedeutung des Wortes Nirvāna als Verlöschen belegt,
dass in Buddhas Weltbild die verderblichen Eigenschaften des
Feuers in den Vordergrund gerückt sind. Das Konzept des
Nirvāna besteht in einem völligen Verlöschen der Lebensglut,
also der menschlichen Leidenschaften.

Selbst der Kulturheld Aśoka soll trotz seiner zahllosen Ver-   Vgl. S. 71 ff.
dienste auch am Ende seines Lebens nicht frei von menschlicher Hitzigkeit gewesen sein, wie eine volkstümliche Legende erzählt: Der mächtige Herrscher liegt sterbend danie-
der und eine Dienerin fächelt ihm Luft zu. Weil sie noch jung
ist und die Mittagshitze sie müde macht, döst sie ein, so dass
der Fächer Aśoka aufs Gesicht fällt. Von feurigem Hass und
Zorn über seine Ohnmacht gepackt, verscheidet der große
Mann und wird – bedingt durch diesen letzten Anfall von
Tanhā – noch einmal als eine Schlange, das Symbol des Hasses, wieder geboren, bevor er endgültig ins Nirvāna eingehen
kann.

Buddhas Lehre lässt sich auf folgende Formel verkürzen: Leben ist Leiden. Leiden entsteht durch Begierde. Erlösung
bringt nur die Ausschaltung aller Begierden. Diese wird durch
das Vermeiden aller Extreme erzielt.

»Die Predigt im
Hirschgarten«

In seiner ersten Predigt im Hirschgarten verkündet er diese Vier Edlen Wahrheiten.

»Das hab' ich gehört. Zu seiner Zeit weilte der Erhabene bei Benares, am Sehersteine, im Wildparke. Dort nun wandte er sich an die Mönche und sprach also:

›Darwiderstellen kann sich kein Asket und kein Priester, kein Gott, kein böser und kein heiliger Geist, noch irgendwer in der Welt. Es ist das Offenbarmachen der vier heiligen Wahrheiten. Welcher vier? Der heiligen Wahrheit vom Leiden, der heiligen Wahrheit von der Leidensentwicklung, der heiligen Wahrheit von der Leidensauflösung, der heiligen Wahrheit von dem zur Leidensauflösung führenden Pfade.

Die Vier Edlen
Wahrheiten

Was aber ist die heilige Wahrheit vom Leiden? Geburt ist Leiden, Alter ist Leiden, Krankheit ist Leiden, Sterben ist Leiden, Kummer, Jammer, Schmerz, Gram und Verzweiflung sind Leiden, was man begehrt, nicht erlangen, das ist Leiden. [...] Was aber ist die Leidensentwicklung? Es ist dieser Durst, der Wiederdasein säende, ist der Geschlechtsdurst, der Daseinsdurst, der Wohlseinsdurst. [...] Was aber ist die Leidensauflösung? Es ist eben dieses Durstes vollkommene restlose Auflösung.‹« (M 141; zit. n. KEN 1, S. 411 f.)

Mit der vierten Wahrheit vom Mittleren Weg beantwortet Buddha die Frage, wie nun das Verlassen des Saṃsāra, des Kreislaufs der durch Lebensdurst genährten Wiedergeburten, ins Nirvāna zu erreichen sei. Für Buddha ist ethisches Verhalten nicht in erster Linie Mittel zur Verbesserung des Karmas, sondern die Grundlage eines spirituellen Fortschritts auf einem Weg zur Befreiung von allen Wünschen. Die im Folgenden zitierten, im Achtfältigen Pfad empfohlenen Verhaltensregeln ergeben einen auf verschiedenen Aspekten der Ethik aufgebauten gangbaren Heilsweg. Buddha gibt seinen Anhängern praktikable Vorgaben zur Erreichung einer geistigen Hygiene an die Hand:

Der Edle
Achtfältige Pfad

»Was ist nun aber der zur Leidensauflösung führende Pfad? Dieser heilige achtfältige Pfad ist es, nämlich: rechte Erkenntnis, rechte Gesinnung, rechte Rede, rechtes Handeln, rechtes Wandeln, rechtes Mühn, rechte Einsicht, rechte Einigung.

Leben

Was ist nun rechte Erkenntnis? Das Leiden kennen, die Auflösung des Leidens kennen, den zur Auflösung des Leidens führenden Pfad kennen.

Was ist nun rechte Gesinnung? Entsagung sinnen, keinen Groll hegen, keine Wut hegen.

Was ist nun rechte Rede? Lüge vermeiden, Verleumdung vermeiden, barsche Worte vermeiden, Geschwätz vermeiden.

Was ist nun rechtes Handeln? Lebendiges umzubringen vermeiden, Ausschweifung zu begehen vermeiden.

Was ist nun rechtes Wandeln? Da hat der Jünger den falschen Wandel verlassen und fristet sein Leben auf rechte Weise.

Was ist nun rechtes Mühn? Da weckt der Mönch seinen Willen, daß er aufgestiegene üble, unheilsame Dinge nicht aufsteigen lasse, er müht sich darum, mutig bestrebt, rüstet er das Herz, macht es kampfbereit; weckt seinen Willen, daß heilsame Dinge sich festigen, nicht lockern, weiterentwickeln, erschließen, entfalten, erfüllen lassen.

Was ist nun die rechte Einsicht? Da wacht jemand beim Körper über den Körper, unermüdlich klaren Sinnes, einsichtig; wacht beim Gemüte über das Gemüt nach Verwindung weltlichen Begehrens und Bekümmerns.

Was ist nun rechte Einigung? Da weilt nun ein Mönch fern von Begierden, fern von unheilsamen Dingen, in sinnend gedenkender, ruhegeborener Heiterkeit, in der Weihe der ersten Schauung. Nach Vollendung des Sinnens und Gedenkens erwirkt er die innere Meeresstille; die Einheit des Gemütes, die von Sinnen, von Gedenken freie, in der Einigung geborene selige Heiterkeit der zweiten Schauung. In heiterer Ruhe verweilt er gleichmütig, einsichtig, klar bewußt, ein Glück empfindet er im Körper, von dem die Heiligen sagen: ›Der gleichmütig Einsichtige lebt beglückt‹; so erwirkt er die Weihe der dritten Schauung. Nach Verwerfung der Freuden und Leiden, nach Vernichtung des einstigen Frohsinns und Trübsinns erwirkt er die Weihe der leidlosen, freudlosen, gleichmütig einsichtigen vollkommenen Reine, die vierte Schauung.

Der Edle Achtfältige Pfad

1. Rechte Erkenntnis
2. Rechte Gesinnung
3. Rechte Rede
4. Rechtes Handeln
5. Rechte Lebensführung
6. Rechte Anstrengung
7. Rechte Achtsamkeit
8. Rechte Versenkung

Das heißt man die Wahrheit von dem zur Leidensauflösung führenden Pfad.« (M 141; zit. n. KEN 1, S. 1032 ff.)

Letztes Ziel der Lehre Buddhas ist also ganz konkret die Befreiung vom Leiden – »die leidlose, freudlose, gleichmütig einsichtige Schauung«, das Nirvāna. Diese durch den Mittleren Weg erreichbare individuelle Selbsterlösung, die weder Unsterblichkeit noch die Unio mystica von Seele und Welt bedeutet, ist nicht an den physischen Tod gebunden und damit keinesfalls als Jenseitsvorstellung zu betrachten. In der Beschreibung wird deutlich, dass das Nirvāna – obwohl es als höchstes zu erreichendes Gut des Buddhismus eigentlich eine positive Größe ist – dazu herausfordert, zu schildern, was es nicht ist, da es sich einer endgültigen Definition entzieht und erfahren werden muss. Buddha hat häufig auf die Sinn- und Nutzlosigkeit von Erörterungen hingewiesen, die der Aufhebung des Leidens nur im Weg stehen. Nach seinem Konzept ist der Durst nach Wissen natürlich auch bloß Tanhā und führt nicht weiter. Ein sehr schönes, fast humorvolles Beispiel ist das »Pfeilgleichnis«, in dem Buddha darlegt, wie verderblich ihm spitzfindiges Hinterfragen erscheint, wenn doch nichts weiter als simple Abhilfe nötig ist. Solche Fragerei kommt ihm vor, »gleichwie etwa, wenn ein Mann von einem Pfeile getroffen wäre, dessen Spitze mit Gift bestrichen wurde, und seine Freunde und Genossen, Verwandte und Vettern bestellten ihm einen heilkundigen Arzt; er aber spräche: ›Nicht eher will ich den Pfeil herausziehen, bevor ich nicht weiß, wer jener Mann ist, der mich getroffen hat; ob es ein Krieger oder ein Priester, ein Bürger oder ein Bauer ist; ob es ein großer, ein kleiner oder ein mittlerer Mensch ist; ob seine Hautfarbe schwarz, braun oder gelb ist; in welchem Dorf, welcher Burg oder welcher Stadt er zu Hause ist.‹ Er aber spräche: ›Nicht eher will ich diesen Pfeil herausziehen, bevor ich den Bogen nicht kenne, der mich getroffen hat, ob es der kurze oder der lange gewesen ist. Bevor ich die Sehne nicht kenne, ob es eine Saite, ein Draht oder eine Flechse, ob es Schnur oder Bast war.‹ Er aber spräche: ›Nicht eher will ich diesen Pfeil herausziehen, bevor ich den Schaft nicht kenne, mit was für Federn er versehen ist, mit Geierfedern oder Rei-

Das »Pfeil-
gleichnis«

herfedern, mit Rabenfedern, Pfauenfedern oder Schnepfen-
federn.‹ Er aber spräche: ›Nicht eher will ich diesen Pfeil herausziehen, bevor ich den Schaft nicht kenne, der mich getroffen hat, mit was für Leder er umwickelt ist, mit Rinderleder
oder Büffelleder, mit Hirschleder oder Löwenleder‹; er aber
spräche: ›Nicht eher will ich diesen Pfeil herausziehen, bevor
ich die Spitze nicht kenne, die mich getroffen hat, ob sie gerade, krumm oder hakenförmig ist; oder ob sie wie ein Kalbs-
zahn oder wie ein Oleanderblatt aussieht‹; nicht genug könnte dieser Mann erfahren: denn er stürbe hinweg.« (M 63;
zit. n. KEN I, S. 465 f.)
Anschließend zählt Buddha noch eine Vielzahl philosophischer Fragen zum Sinn, zur Beschaffenheit, zur Endlichkeit
bzw. Unendlichkeit der Welt und den Daseinszuständen auf
und erklärt die Spekulation darüber für ebenso müßig, ja
schädlich wie die unablässigen Fragen des vom Pfeil getroffe-
nen Mannes. Nach Buddhas Sicht befindet sich jeder Mensch
in der gleichen Lage: Er ist unabänderlich dem Tod geweiht
und auch die profundesten Spekulationen können ihn nicht
retten. Zur Einsicht und damit zu einem Ausweg aus der
scheinbar ausweglosen Lage können nur die vier von ihm erkannten Wahrheiten verhelfen: Leiden, Leidensentstehung,
Leidensauflösung und der sehr konkrete zur Leidensauflösung führende Pfad. Die Ablehnung metaphysischer Überlegungen ist der Hauptgrund, aus dem immer wieder die Frage
aufgetaucht ist, ob der Buddhismus ursprünglich überhaupt
als Religion oder Philosophie konzipiert sei. Schließlich ist in **Buddhismus –**
seinem Lehrgebäude, im Gegensatz zu dem der anderen Welt- **Religion oder**
religionen kein Platz für einen Gott vorgesehen. Einige Inter- **Philosophie?**
preten haben im frühen Buddhismus eine Psychologie mit
scharfsinniger Diagnostik erkannt. Treffend folgerte der Bud-
dhologe Étienne Lamotte: »Der große Buddha ist der große
Arzt; der Dharma ist das Heilmittel; der Sangha ist der Kran- **Vgl. S. 32**
kenpfleger, der das Heilmittel verabreicht.« (In: Bechert/
Gombrich 2000, S. 33) Sicher nicht grundlos ist in den letzten
Jahrzehnten eine große Menge an Ratgeber-Literatur mit
buddhistischer Ausrichtung entstanden.
Dabei verneint Buddha keineswegs die Existenz Brahmas, der

höchsten Gottheit der spätvedischen Zeit, schildert ihn jedoch als ebenso wie alle Sterblichen dem Wandel und den karmischen Bedingungen und damit der Vergänglichkeit unterworfen.

Wie der vom Pfeil getroffene Mann braucht der Mensch eigentlich nur ein Heilmittel. Dementsprechend charakterisiert **Die Lehre als** Buddha seine Lehre unmissverständlich als praktisches Mittel **Mittel zum Zweck** zum Zweck, zum »Entrinnen«, indem er sie mit einem Floß vergleicht: »Als Floß, ihr Mönche, will ich Euch die Lehre weisen, zum Entrinnen tauglich, nicht zum Festhalten. [...] Gleichwie, ihr Mönche, wenn ein Mann auf einer Reise an ein ungeheures Wasser käme, das diesseitige Ufer voller Gefahren und Schrecken, das jenseitige Ufer sicher, frei von Schrecken, und es wäre kein Schiff da zum Übersetzen, keine Brücke diesseits, um das jenseitige Ufer zu erreichen. Da würde der Mann denken: ›[...] Wie wenn ich nun Röhricht und Stämme, Reisig und Blätter sammelte, ein Floß zusammenfügte und mittels dieses Floßes, mit Händen und Füßen arbeitend, heil zum jenseitigen Ufer hinübersetzte?!‹ Und der Mann, ihr Mönche, sammelte nun Röhricht und Stämme, Reisig und Blätter, fügte ein Floß zusammen und setzte mittels dieses Floßes, mit Händen und Füßen arbeitend, heil ans jenseitige Ufer hinüber. Und gerettet hinübergelangt, würde er also denken: ›Hochteuer ist mir wahrlich dieses Floß, mittels dieses Floßes bin ich, mit Händen und Füßen arbeitend, heil ans jenseitige Ufer gelangt. Wie wenn ich nun dieses Floß auf den Kopf heben oder auf die Schultern laden würde und hinginge, wohin ich will?‹ Was haltet ihr davon, Mönche? Würde wohl der Mann durch solches Tun das Floß richtig behandeln?«

»Gewiß nicht, o Herr!«

»Was hätte also, ihr Mönche, der Mann zu tun, damit er das Floß richtig behandelte? Da würde, ihr Mönche, dieser Mann, gerettet, hinübergelangt, also erwägen: ›Wie, wenn ich nun dieses Floß ans Ufer legte oder in die Flut senkte und hinginge, wohin ich will?‹ Durch solches Tun, wahrlich ihr Mönche, würde dieser Mann das Floß richtig behandeln. Ebenso nun auch, ihr Mönche, habe ich die Lehre als Floß hingestellt, zum Entrinnen tauglich, nicht zum Festhalten.« (M 22; zit. n. KEN 1, S. 158)

Immer wieder weist Buddha darauf hin, dass kein Sinn darin liegt, sich an etwas zu binden, etwas festhalten zu wollen, da nichts – nicht einmal seine eigene Lehre – eine innere Unwandelbarkeit oder Dauer besitzt. Das Wesen oder der Nutzen einer Sache ist stets von einer jeweiligen Situation abhängig, die wie alles auf der Welt beständiger Veränderung unterliegt. In Buddhas Lehre gibt es keinen Fixpunkt, keinen ewigen Gott, ›keine Kraft, die stets das Gute schafft‹.

> Buddha ist die Verwirklichung eines Menschseins, das in der Welt in bezug auf die Welt keine Aufgaben anerkennt, sondern in der Welt die Welt verläßt. Es kämpft nicht, es widersteht nicht. Es will nur als dies durch Nichtwissen gewordene Dasein erlöschen, aber es will so radikal erlöschen, daß es sich nicht einmal nach dem Tod sehnt, weil es über Leben und Tod hinaus eine Stätte der Ewigkeit gefunden hat. (Karl Jaspers, *Die maßgebenden Menschen*, S. 59)

Sowohl die *Upanishaden* als auch der Jainismus bieten auf der Existenz einer Seele fußende idealistische Erlösungsmodelle an. Beiden Weltbildern liegt die Idee einer unvergänglichen Konstante im Menschen zugrunde, während die einzige Konstante in Buddhas Lehre gerade die allem Sein immanente Vergänglichkeit ist. Damit wendet er sich gegen die Existenz einer unzerstörbaren Seele oder eines Selbst, wie sie sich in der Vorstellung vom Ātman manifestiert. Er erweitert die auch in den Veden vorhandene Grundeinsicht, »alles unter der Sonne ist dem Tod verfallen«, indem er die Seele ebenfalls dem Verfall unterordnet, und stellt so der Vorstellung vom Ātman die Kategorie des Anātman – »Nicht-Selbst« (P. Anattā) – entgegen. Ein revolutionärer Gedanke, der bis heute als kühn betrachtet werden kann. Buddha zufolge besteht jede Substanz und damit auch der Mensch lediglich aus einer Summe wandelbarer, sich bewegender Faktoren, die sich zu einem natürlich nicht weniger wandelbaren Ganzen zusammengefunden haben. Diese »Atome« werden als »Dharma« (aus der Sans-

Vgl. S. 14 f.

Kein Selbst,
keine Seele

krit-Wurzel dhar, »tragen«; P. Dhamma) bezeichnet. Hilfreich ist hier vielleicht der Hinweis, dass das indische Wort »Dharma«, das auch Gesetz, Lehre, Pflicht u. a. heißt, über ein weites, komplexes Bedeutungsfeld verfügt. Im folgenden Zusammenhang ist »Dharma« der Terminus für die unzähligen »Seinserscheinungen«, die in ihrem Zusammenspiel das menschliche Erleben bestimmen. Dazu gehören Sinneswahrnehmungen wie Sehen, Hören, Riechen, Schmecken, Tasten sowie Farben, Rede, Wärme, Töne, Geburt, Alter, Schönheit, Ruhm, Schlaf, Sexualität und so fort, also eigentlich alles, was in irgendeiner Weise psychisch oder physisch vom Menschen erfahren wird, wobei diese Dharma nicht als von ihm hervorgebracht, sondern als unabhängige »dingliche Realitäten« (Glasenapp 1946, S.34) gesehen werden, die ihn »befallen« und wieder verlassen. Die Dharma wiederum gehören einem

Die fünf Skandha der fünf »Skandha« (P. Kandha, »Anhäufung«, »Gruppe«) an, die einen Menschen ausmachen und ihm das Vorhandensein eines Selbst suggerieren und die Buddha wie folgt analysiert: »Da betrachtet der unerfahrene gewöhnliche Mensch den *Körper*: ›Der gehört mir, das bin ich, das ist mein Selbst‹; er betrachtet das *Gefühl*: ›Das gehört mir, das bin ich, das ist mein Selbst‹; er betrachtet die *Wahrnehmung*: ›Die gehört mir, das bin ich, das ist mein Selbst‹; er betrachtet die *Unterscheidungen*: ›Die gehören mir, das bin ich, das ist mein Selbst‹; und was da gesehn, gehört, gedacht, erkannt, erreicht, erforscht, *im Geiste untersucht* wird, auch davon hält er: ›Das gehört mir, das bin ich, das ist mein Selbst.‹«

Vgl. S. 66 Ein Erleuchteter – ein Arhat – hat dies bereits als trügerisch erkannt: »Der erfahrene heilige Jünger aber betrachtet den *Körper*: ›Der gehört mir nicht, das bin ich nicht, das ist nicht mein Selbst.‹ Ebenso hält er es mit dem Gefühl, der Wahrnehmung und der Unterscheidung. Also die Dinge betrachtend kennt er kein unverständiges Zittern.« (M 22; zit. n. KEN I, S. 159; Hervorhebungen U. G.)

Die fünf Skandha, die den Menschen ein Selbst imaginieren lassen, sind:

1. Rūpa – *Körper* (hierzu gehören die Dharma, die mit dem Körper in Beziehung stehen, wie Sinneswahrnehmungen

oder überhaupt alle mit dem Körper verbundenen Eigenschaften).

2. Vedanā – *Gefühle* von Lust und Unlust, die sich aus der Begegnung eines Sinnesorgans mit einem Objekt ergeben.

3. Sanjnā – die Fähigkeit, Dinge voneinander zu unterscheiden und die sich daraus ergebenden *Wahrnehmungen* und Vorstellungen.

4. Sanskāra – Instinkte und Willensregungen, *Unterscheidungen*.

5. Vijnāna – *geistige Vorgänge*, Bewusstsein, Ideen.

Dass mit der Auflösung dieser fünf Komponenten beim Tod eines Menschen notwendigerweise auch dessen Individualität verschwindet, wird in der buddhistischen Literatur (z. B. im *Milindapañha*) anhand des Wagengleichnisses illustriert. Vgl. S. 69 Wenn ein Wagen auseinandergenommen wird, bleiben nur Einzelteile wie Räder, Achse etc. Der ursprüngliche Wagen ist nicht mehr vorhanden.

Die Beschaffenheit des Menschen wird also als unbeständig angenommen. Sein Ich ist kein festes Ganzes, sondern ein Bündel psychischer, ständigem Wandel unterworfener Vorgänge, wie sie sich in Gefühlen, Wahrnehmungen und Leidenschaften äußern. Insofern besitzt das, was vom Menschen subjektiv als sein reales Dasein wahrgenommen wird, nur einen bedingten Wirklichkeitsanspruch.

> Buddhas Methode beruhte auf der psychologischen Analyse, und auch hier ist überraschend, wie tief seine Einsicht in diesen jüngsten Zweig der modernen Wissenschaft war. Das menschliche Leben wurde ohne Bezugnahme auf ein ständiges Ich betrachtet und untersucht, denn selbst wenn ein solches Ich besteht, liegt es außerhalb unseres Fassungsvermögens. Der Verstand wurde als ein Teil des Körpers, ein Gemisch geistiger Kräfte angesehen. Das Individuum wird dadurch zu einem Bündel geistiger Zustände, das Ich ist nur ein Strom von Gedanken. Alles, was wir sind, ist das Ergebnis dessen, was wir gedacht haben (Jawaharlal Nehru, *Entdeckung Indiens*, S. 159)

Damit stellt sich die Frage, wie ohne ein unsterbliches Element im Menschen überhaupt die Wiedergeburt zustande kommen soll, deren Verhinderung ja ein zentraler Aspekt der buddhistischen Lehre ist. Was verursacht die Wiedergeburt? Und was wird wieder geboren, wenn nicht die Seele? Die Antwort lautet: Es ist Tanhā, die unverloschene Lebensgier, die zur Wiedergeburt führt, und Tanhā ist es auch, die wieder geboren wird und die das Rad der Wiedergeburten antreibt. Eine »Seelenwanderung« findet in Buddhas Heilsplan nicht statt. Das Zustandekommen und der Verlauf der seelenlosen Wiedergeburt ist eine Folge des »bedingten Entstehens« (P. Paticcasamuppada; Skt. Pratītyasamudpāda) und eng mit den Vier Edlen Wahrheiten verknüpft.

Bedingtes Entstehen

In der langen und schwierigen Lehrrede über die »Versiegung des Durstes« wird berichtet, dass der Mönch Sāti, ein Mitglied des Ordens, behauptet habe, der Buddha lehre, dass »dieses unser Bewußtsein im Kreislauf des Wandelseins be-

---

Leitgedanken der Lehre Buddhas

– Alles Leben ist leidhaft und vergänglich.
– Es gibt keine den Tod überdauernde Seele.
– Wie die Materie ist auch alles Geistige vergänglich.
– Das Ich des Menschen besteht aus einem Bündel wandelbarer Zustände.
– Leidhaftigkeit entsteht aus dem Irrtum, der Mensch habe ein dauerhaftes Ich, und seinem daraus folgenden Streben nach Beständigkeit von Glück u. a.
– Nichts entsteht aus sich heraus oder aus dem Nichts. Alles Dasein ist bedingt, das heißt Glied in der Verkettung von Ursache und Wirkung.
– Wiedergeburt wird durch Gier, Hass und Verblendung verursacht.
– Askese führt nicht zum Erwachen. Extreme im Verhalten sind zu vermeiden.
– Zur Aufhebung des Leidens führt der Mittlere Weg, der in der Aufgabe der Vorstellung von einem konstanten Ich und der Einhaltung überpersönlicher ethischer Verhaltensmaßregeln besteht.

harrt, unveränderlich« (M 38; zit. n. KEN 1, S. 285 ff.). Als es
seinen Mitbrüdern nicht gelingt, Sāti von seinem Irrtum ab-
zubringen, wenden sie sich an Buddha, der ihn erstaunt fragt:
»Von wem hast du denn, betörter Mann, gehört, daß ich eine
solche Lehre verkündet hätte? Habe ich nicht, o Tor, auf man-
nigfaltige Weise die bedingte Natur des Bewußtseins erklärt:
›Ohne zureichenden Grund entsteht kein Bewußtsein.‹«
Hierauf setzt er Sāti und den Jüngern ausführlich auseinan-
der, wie das Bewusstsein des Menschen allein aus den Sinneswahrnehmungen Sehen, Hören, Riechen, Schmecken, Füh-
len und Denken erwächst. »Entstanden ist dieses: begreift ihr
das, ihr Mönche?«, versichert er sich noch mehrmals, während er in seiner Lehre vom bedingten Entstehen alle Zusammenhänge des menschlichen Daseins als voneinander abhängig ausführt. »Wenn dieses ist, wird jenes, wenn dieses
entsteht, entsteht jenes; wenn dieses nicht ist, wird jenes
nicht. Durch Aufhebung von diesem wird jenes nicht.« (Ebd.)
Alles auf der Welt entsteht als Folge, das heißt in Abhängigkeit von etwas anderem. Allerdings ist das Entstehen eines
Faktors dabei nie nur von einer Ursache abhängig, sondern
von einer Vielzahl von Bedingungen.

Wanderjahre

Während seines 45-jährigen Wanderlebens durch die Ebenen
Nordindiens kehrt Gautama Buddha immer wieder nach Sārnāth zurück, das neben seiner Bedeutung als Pilgerort auch
eine wichtige archäologische Fundstätte ist.

Sārnāth

Als eindrucksvollstes Bauwerk ragt im Park des Archaeological Survey of India in Sārnāth der gewaltige Dhamekh-Stūpa
empor, der in seinem Kern vermutlich auf Aśoka, also auf das
3. Jahrhundert v. Chr., zurückgeht. Im Museum steht das berühmte Löwenkapitell, das einst eine von Aśokas Säulen
krönte und seit 1949 offizielles Staatswappen Indiens ist. Es
trägt die Sanskritworte Satyam eva jayate – »Allein die Wahrheit siegt« – und ziert auch die indische Rupie. In den frühen
Zeiten des Buddhismus bildete man Buddha niemals als Person ab, sondern als den verschiedenen Stationen seines Lebens entsprechendes Symbol – Fußabdrücke, Lotos, Bodhi-

Baum, Rad, Stūpa, u. a. Ursprünglich trugen die vier Löwen des Kapitells ein großes Rad, das jedoch abgebrochen ist. Das Rad verfügt in Indien über eine vielfältige Symbolik. Immer steht es auch für die Zeit, denn nach indischer Vorstellung folgen die Zeitalter in endloser Abfolge aufeinander, drehen sich wie die Speichen eines Rades im Kreis. Ebenso dreht sich auch das Rad der Wiedergeburt. In der brahmanischen Ikonographie ist das Rad auch ein Bild für die Sonnenscheibe und damit Herrschaftsemblem, während es im Buddhismus zum Dharmacakra, dem »Rad der Lehre«, wird. Die vier Tiere – Elefant, Pferd, Stier und Löwe – zwischen den vier Rädern auf dem Abakus von Aśokas Löwensäule stehen bereits in der vedischen Zeit für die vier Himmelsrichtungen: der Elefant für den Osten, das Pferd für den Süden, der Stier für den Westen und der Löwe für den Norden. Dies drückt aus, dass die Lehre in allen vier Himmelsrichtungen verkündet werden soll und zeugt damit von Aśokas

Aśokas berühmtes Löwenkapitell in Sārnāth aus dem 3. Jahrhundert v. Chr.

Absicht, den Buddhismus zur Weltreligion zu machen. Ein Rad bildet auch den Mittelpunkt der indischen Nationalflagge.

Der große Dhamekh-Stūpa von Sārnāth, dessen Name auf seine Verbindung zum Dharma hinweist, wurde ursprünglich von Aśoka errichtet, um den Platz, an dem Buddha seine erste Lehrrede hielt, zu ehren. Auch vielen nachfolgenden buddhistischen Herrschern galt Sārnāth als heiliger Ort, ehe es im 12. Jahrhundert von Qutb-ud-Din Aibak, dem Begründer des Sultanats von Delhi, zerstört wurde. Seither ist es, obwohl von großer archäologischer und religiöser Bedeutung, ein eher kleiner Ort. Ausgrabungen wurden ab 1834 unter Alexander Cunningham durchgeführt.

Rājagriha und der Geierberg

Vgl. Karte 1, S. 145

Nachdem Buddha seine Lehre, den Dharma, verkündet und seinen Orden, den Sangha, gegründet hatte, machte er sich daran, einflussreiche Anhänger und Förderer zu gewinnen. Der Überlieferung zufolge begab er sich zunächst nach Rājagriha (heute Rajgir), der damaligen Hauptstadt des mächtigen Reiches Māgadha, und suchte dessen König Bimbisāra auf, dem er schon einmal vor seinem Erwachen begegnet sein soll. Die Bekehrung des Königs war ein Ereignis, das angesichts der Vormachtstellung Māgadhas in Nordindien der neuen Lehre weitreichenden Einfluss sicherte. Der Weg für ihre Ausbreitung über den ganzen Norden Indiens stand offen. König Bimbisāra schenkte Buddha einen Bambushain, den Veluvāna, und blieb bis zu seiner Ermordung durch seinen Sohn Ajātashatru Buddhas Gönner und Anhänger.

Rājagriha kommt große Bedeutung zu, da Buddha auf dem nahe gelegenen Gridhakuta, dem Geierberg oder Geiergipfel, zahlreiche Predigten hielt, zu denen traditionell auch das *Lotos-Sūtra* sowie die *Prājnapāramita-Sūtren*, die »Sūtren der höchsten Weisheit«, zählen. Sie sind zentrale Texte des Mahāyāna und von fundamentaler Bedeutung für den Buddhismus in ganz Ostasien. Daher wird der Geierberg auch mit Vorliebe von taiwanesischen, koreanischen und japanischen Pilgern aufgesucht. Der Name Geierberg geht auf eine Legende zurück, nach der Māra hier einst in der Gestalt eines Geiers versuchte, Buddhas Lieblingsjünger Ānanda bei seiner Meditation zu stören.

Vgl. S. 83 f.

Im *Lotos-Sūtra* wird auch die Gefahr einer ersten Spaltung des Sangha geschildert, die in Rājagriha beinahe durch einen Verwandten Buddhas, seinen Vetter Devadatta, ausgelöst worden wäre. Devadatta hatte sich dem Orden bei einem Besuch Buddhas in seiner Heimatstadt Kapilavastu angeschlossen. Er soll ein Bruder des Jüngers Ānanda gewesen sein.

Devadatta machte sich an König Bimbisāras Sohn Ajātashatru heran und überredete den Prinzen, seinen Vater gefangen zu setzen, ihn im Kerker verhungern zu lassen und selber König zu werden. In Rajgir können Pilger noch einige Grundmauern besichtigen, die als »Bimbisāras Kerker« gelten. Ferner weiß die Überlieferung von mehreren Anschlägen Devadattas auf Buddhas Leben zu berichten. Devadattas Kritik scheint auf die mangelnde Strenge in Buddhas mittlerer Lehre gezielt zu haben. Er forderte striktere Ordensregeln, nach de-

Indien: Der Damekh-Stūpa in Sārnāth. Etwa an dieser Stelle soll Buddha das Rad der Lehre in Bewegung gesetzt haben.

nen die Mönche sich ausschließlich von Almosen ernähren, Lumpen tragen sollten und keine Geschenke annehmen durften. Ferner sollte es ihnen verboten sein, Häuser zu betreten und Fleisch zu essen. Devadatta scheiterte und ein Schisma wurde verhindert (obwohl die chinesischen Pilger Faxian und Xuanzang noch einen Orden erwähnen, der vermutlich auf Devadatta zurückging). Ajātashatru, der neue König, soll jedoch später seine verschwörerischen Umtriebe und Missetaten bereut haben und bis an sein Lebensende ein treuer Anhänger Buddhas gewesen sein. Als sein Nachfolger die Hauptstadt des Königreiches Māgadha nach Pātaliputra (heute Patna) verlegte, geriet Rājagriha in Vergessenheit. Das heutige Rajgir ist ein kleiner Ort, der hauptsächlich vom Tourismus lebt.

Vgl. S. 150 f.

Devadatta und der Elefant
Devadatta, ein Vetter Buddhas, hegte wilde Eifersucht gegen diesen und wollte selbst eine neue Lehre begründen. Er bemühte sich also um die Gunst des Prinzen Ajātashatru von Māgadha und bezahlte Mörder, die Buddha auflauern und töten sollten. Doch als diese Buddha erkannten, erschraken sie sehr, denn sie spürten seine Macht. Sie fielen ihm zu Füßen und baten ihn um Vergebung. Darauf ließ Devadatta dem Elefanten Nālāgiri ein Gift eingeben, durch das das Tier in eine wilde Raserei verfiel. Als Buddha durch die Straßen von Rājagriha ging, trieb Devadatta ihm den tobenden Elefanten in den Weg. Doch kaum sah das Tier Buddha näher kommen, beruhigte es sich und kniete vor ihm nieder.

Buddhas neuer Orden wuchs rasch. Ein wichtiges Laienmitglied war der Arzt Jīvaka, der die Aufgabe der medizinischen Betreuung des Sangha übernimmt, und zwar so erfolgreich, dass sich angeblich viele Kranke nur wegen der guten ärztlichen Betreuung dem Orden anschlossen. Noch heute errichten buddhistische Klöster im Namen Jīvakas Krankenstationen, in denen kostenlose Behandlung gewährt wird. In einem Gespräch mit Jīvaka legte Buddha dar, dass einem Mönch der Verzehr von Fleisch gestattet sei, wenn er es als

Jīvaka, der Arzt

dargebotene Almosenspeise ohne Gier zu sich nehme. Sehr deutlich hebt Buddha an dieser Stelle die Schuld dessen hervor, der »um des Vollendeten oder Vollendeten Jüngers willen das Leben raubt«. Diese Schuld entsteht, »weil dann das Tier, zitternd und zagend herbeigeführt, Schmerz und Qual empfindet« und »weil er (der Gastgeber) dann den Vollendeten und des Vollendeten Jünger ungebührend laben läßt« (M 55; zit. n. KEN I, S. 402-405).

Ebenfalls in Rājagriha stießen seine künftigen Hauptjünger Śāriputra und Maudgalyāyana (P. Sāriputta und Moggallāna) zu Buddha, die, wie schon erwähnt, anfangs Schüler des Skeptikers Sanjaya gewesen waren. Sie werden häufig, Śāriputra zur rechten und Maudgalyāyana zur linken Seite Buddhas, dargestellt.

Buddhas Jünger

Ein weiterer Hauptjünger war Kāśyapa (P. Kassapa), auch Mahākāśyapa genannt. Er gilt als einer der Väter des Sangha und konservativer Bewahrer des alten Einsiedlerideals. Ihm wird auch die Einberufung des ersten Konzils nach Buddhas Tod zugeschrieben.

Ānanda, oft als »Lieblingsjünger« Buddhas bezeichnet, war mit anderen Śākya-Adligen in den Orden eingetreten. Er scheint Buddha sehr nahe gestanden und als eine Art Leibdiener fungiert zu haben. Besonders wichtig ist seine Rolle als »Erzähler« oder Referent der Lehrreden im Pāli-Kanon. Er und der strenge Kāśyapa sollen mehrmals in Konflikt geraten sein, vor allem da Ānanda die Ordinierung von Frauen befürwortete. Der Überlieferung nach bat Buddhas Pflegemutter Prajāpatī ihn um die Gründung eines Sangha für Frauen. Dreimal wies Buddha sie ab, und als Ānanda sah, wie sehr sie unter dieser Zurückweisung litt, richtete er ihre Bitte ebenfalls dreimal an seinen Meister. Als dieser immer wieder ablehnte, fragte Ānanda ihn, ob er denn nicht der Ansicht sei, dass auch Frauen die Arhatschaft erlangen könnten. Doch, Buddha war dieser Ansicht. Als letztes Mittel führte Ānanda die Wohltaten ins Feld, die Prajāpatī ihm als Pflegemutter erwiesen habe. Erst jetzt stimmte Buddha der Einrichtung eines Nonnenordens zu, dessen erster Lehrer Ānanda wurde. Später klagte er jedoch, dass seine Lehre durch diesen Schritt nur

Vgl. »Der Pāli-Kanon«, S. 60 ff.

Gründung des Nonnenordens

Das erste Kloster in Śrāvastī
Sudatta, ein reicher Kaufmann aus Śrāvastī, bekehrte sich zu
Buddha. Seine Wohltätigkeit war so überragend, dass man ihn
überall Anāthapindika, den unvergleichlichen Gönner, nannte.
Er lud Buddha und seine Jünger nach Śrāvastī ein und wollte
ihm dort ein Kloster – ein Vihāra – bauen. Der beste Platz
dafür schien ihm der wunderschöne Garten des Prinzen Jeta zu
sein, der der Sohn des Königs Prasenajit war. Doch Jeta wollte
seinen herrlichen Park nicht einfach so hergeben und forderte
einen hohen Preis dafür: so viele Goldstücke, dass der gesamte Erdboden des Gartens davon bedeckt sei. Sudatta war
sofort einverstanden, ließ all sein Gold herbeibringen und
pflasterte gewissenhaft die Erde mit Goldstücken. Dennoch
blieb am Schluss noch ein Stück Land unbedeckt. Inzwischen
hatte sich jedoch Prinz Jeta zu Buddha bekehrt und stiftete
den Garten. Ein großes Kloster wurde gebaut und Jetavāna-
Vihāra genannt. Der Erhabene verbrachte nun regelmäßig die
Regenzeit dort, wo auch Jetas Vater König Prasenajit seine
Lehre hörte.

noch fünfhundert Jahre Bestand haben würde, anstelle von
tausend. Der Überlieferung nach geschah es mehrmals, dass
die Nonnen Partei für Ānanda und gegen Mahākāśyapa er-
griffen. Auch heute noch ist das Leben in den Nonnenorden,
die in allem von den Mönchen abhängig sind, äußerst streng
geregelt. So führen gewisse Verstöße gegen die Ordensdisziplin, die bei den Mönchen als eher geringfügig gelten, bei den
Nonnen häufig zum Ausschluss. Auch wenn einige heutige

Vgl. S. 131f. Lehrer wie z. B. Thich Nhat Hanh eine Verbesserung der Stellung der weiblichen Sangha-Mitglieder anstreben und einflussreiche Lehrerinnen wie die Deutsche Ayya Khema existieren, ist ihre Zahl im Vergleich zu der der Mönche klein.

Śrāvastī
Vgl. Karte 1,
S. 145 Im 5. Jahrhundert v. Chr. war Śrāvastī (P. Sāvatthi), die Hauptstadt von Kośala, die größte Ansiedlung in der Gangesebene
und der Überlieferung nach verbrachte Gautama Buddha
dort 25 Regenzeiten. Viele seiner Lehrreden sollen dort entstanden sein. Im Monsun, der von Juni bis Mitte September
mit großer Heftigkeit die nördliche Ebene überschwemmt,

Das Wunder von Śrāvastī

Als Buddha sich in Śrāvastī aufhielt, erschienen sechs Feueranbeter, die ihn herausforderten, ein Wunder zu vollbringen. Buddha sagte, es solle unter einem Mangobaum geschehen. Darauf vernichteten seine Herausforderer alle Mangobäume in der Gegend. Eines Tages bot ein Gärtner Buddha eine Mangofrucht dar, und als er sie gegessen hatte, gab er den Kern seinem Jünger Ānanda, damit er ihn einpflanze. Kaum hielt Buddha seine Hände über die Stelle, als der Baum hoch aufspross und Blätter und Früchte trug. Nun schuf Buddha einen Weg zum Himmel und setzte sich auf einen Lotus aus tausend Blütenblättern, ließ Feuer und Wasser aus seinem Leib schießen und vervielfältigte sich in alle Richtungen.

war es den stets umherwandernden Mönchen (Skt. Bhikshu) gestattet, ja sogar vorgeschrieben, sich an einem Ort aufzuhalten, da der Monsun eine Zeit neuen Wachstums ist und man es vermeiden wollte, beim Umherwandern neues Leben zu zertreten. Der reiche Gönner Anāthapindika stiftete dem Sangha in Śrāvastī den Hain Jetavāna und ein großes Kloster, ein Vihāra. Neben archäologischen Ausgrabungen, die die gewaltige Anzahl von Vihāra belegen, die sich während der buddhistischen Zeit Indiens über den gesamten Norden bis in die Gegend des heutigen Mumbai (Bombay) verteilten, spricht noch der Name des heutigen Bundesstaates Bihar von dieser Entwicklung. Eine frühe Darstellung der Legende über die Entstehung dieses angeblich ersten Klosterbaus in Śrāvastī zeigt ein Relief des Stūpa von Barhut aus dem zweiten vorchristlichen Jahrhundert.

Der Pāli-Kanon enthält mehrere Gespräche zwischen Buddha und Jetas Vater, König Prasenajit, die im Jetavāna (»Siegerwald« übersetzt KEN 1, u. a. S. 708) stattfinden.

Mit einschneidenden Ereignissen der Buddha-Biographie in Verbindung steht auch Vaiśālī, die Hauptstadt der Licchavī, deren Gemeinwesen von indischen Historikern gern als »eine der ersten Republiken der Welt« bezeichnet wird. Hier soll Siddhārtha von seinem ersten Lehrer Ālāra Kālāma unterrichtet worden sein, und hier soll Buddha, nachdem ihn seine

Vaiśālī
Vgl. Karte 1, S. 145

Pflegemutter Prajāpatī dreimal darum gebeten hatte, durch die Fürsprache Ānandas in die Gründung des Nonnenordens eingewilligt haben. Die Licchavī errichteten ihm ein Vihāra, und die schöne Kurtisane Ambapālī stiftete dem Sangha einen Mangohain und wurde selbst Bhikshunī (»Nonne«), nachdem sie die Vergänglichkeit allen Seins und damit auch die ihrer Schönheit erkannt hatte. Ein ihr zugeschriebenes Lied in den *Therīgāthā*, den Liedern der Nonnen, besingt in neunzehn traurigen Strophen den Verfall der Schönheit im Gegensatz zur Dauerhaftigkeit der Lehre.

Seine letzte Predigt in Vaiśālī hielt Buddha im Mangohain der Ambapālī und ließ sich von ihr bewirten, was große Verwunderung bei den jungen Licchaviern auslöste, die ihn zu einem Gastmahl einladen wollten: »Dort angelangt, begrüßten sie den Erhabenen ehrerbietig und setzten sich beiseite nieder. Als dann jene Licchavier vom Erhabenen in lehrreichem Gespräche ermuntert, ermutigt, erregt und erheitert waren, sprachen sie zum Erhabenen also: ›Gewähre uns, o Herr, der Erhabene, die Bitte, morgen mit der Jüngerschaft bei uns zu speisen!‹ ›Gewährt habe ich, Licchavier, für morgen Ambapālī, der Tänzerin, die Mahlzeit.‹ Da haben denn jene Licchavier mit den Fingern geschnalzt: ›Geschlagen hat uns, ei seht nur, die Mangodame, übertrumpft hat uns, ei seht nur, die Mangodame!‹« (D 16; zit. n. KEN 2, S. 250)

Dunkel schwellend, schwere Fülle, bienenschwarz,
Dicht in Locken fiel mein Haar gewellt herab;
Das hat Alter hänfern, bastig blaß gebleicht –
Wahrheitskünders Kunde dauert unverderbt.

Oder Goldgehängen, gut gehämmert, glatten gleich
Glänzten mir der Ohren Muscheln rötlich rein:
Die hat Alter nun gerunzelt rings –
Wahrheitkünders Kunde dauert unverderbt.

Voll und rund und mutig ragend oben auf
Prangten meine Brüste früher wohlgeformt:
Ausgetrocknet hängen heute, troddeln die –
Wahrheitskünders Kunde dauert unverderbt.

(*Therīgāthā*, Lieder der Nonnen, zit. n. Karl Eugen Neumanns Übertragungen aus dem Pāli-Kanon Bd. 3, S. 566 ff.)

Das Große Verlöschen – Buddhas Tod

Nachdem Buddha Vaiśālī verlassen hatte, begab er sich – so die Überlieferung – zunächst nach Pāvā, wo er im Hause des Schmieds Cunda eine verdorbene Speise zu sich nahm, die seinen Tod herbeiführte. Darüber, ob es sich bei dem tödlichen Gericht – Sūkkaramaddava – um gehacktes Schweinefleisch oder Pilze (»Ebermorcheln« übersetzt KEN 2, S. 271) gehandelt hat, sind die Gelehrten sich seit jeher uneins.

Es wurde gesagt, dass das Nirvāna bereits zu Lebzeiten erreicht wird. In diesem Fall ist der Arhat, der Heilige, zwar erlöst, indem er Gier, Hass und Verblendung überwunden hat, muss jedoch noch die karmischen »Früchte« seiner Taten aus seiner vor-erlösten Existenz tragen, die erst »abgelebt« werden müssen. Sein Tun, nachdem er das Nirvāna verwirklicht hat, bringt kein Karma mehr hervor, da dessen Triebkräfte – Gier, Hass und Unverstand – nicht mehr bestehen. Doch erst wenn

Sri Lanka: Ānanda betrauert mit verschränkten Armen den Tod Buddhas. Galvihara in Polonaruwa, 12. Jahrhundert n. Chr.

seine karmischen »Altlasten« abgearbeitet sind, stirbt der Arhat, ohne je wieder geboren zu werden. Er geht vom Nirvāna ins Parinirvāna über. Wie im *Mahāparinirvāna-Sūtra*, der »Lehrrede vom Großen Verlöschen«, geschildert, geschieht dies im Zustand der Meditation. Nachdem der sterbende Gautama Buddha die »vierte Schauung« erreicht hat, geht er »in das Reich des unbegrenzten Raumes« ein, von dort in ein »Reich des unbegrenzten Bewußtseins«, dann in das »Reich des Nicht-Daseins«, und nachdem er aus dem »Reich der

Grenze möglicher Wahrnehmung emporgekommen« ist, geht er in die »Auflösung der Wahrnehmbarkeit« ein. In diesem Augenblick sagt Ānanda zu seinem Mitbruder Anuruddha, der Erhabene sei nun wohl »zur Erlöschung gekommen«, aber dieser berichtigt ihn: »Nicht, Bruder Ānando, ist der Erhabene zur Erlöschung gekommen, er ist in die Auflösung der Wahrnehmbarkeit eingegangen.« Danach durchläuft Buddha nochmals in umgekehrter Reihenfolge alle Sphären und Stufen der Versenkung. Erst dann »ist der Erhabene unmittelbar erloschen« (D 16; zit. n. KEN 2, S. 291 f.).

Dennoch ist das Nirvāna (oder Parinirvāna) kein letztes Prinzip, das sich an die Wanderung durch den Geburtskreislauf Samsāra anschlösse. Auch besteht zwischen Samsāra und

Das Große Verlöschen

Als Buddha achtzig Jahre alt war, begannen Krankheit und furchtbare Schmerzen ihn zu quälen, die er jedoch mit großer Gleichmut ertrug. Er wollte nicht sterben, ohne von seinen Jüngern und dem Orden Abschied genommen zu haben. Als es ihm wieder etwas besser ging, machte er sich auf den Weg nach Kuśinagara. Zuerst gelangte er nach Pāvā, wo ihm Cunda, der Schmied, eine Mahlzeit vorsetzte, von der Buddha, kaum hatte er davon gekostet, schwer krank wurde. Er ließ sich in den Sal-Hain der Malla nach Kuśinagara bringen und legte sich zwischen zwei Bäumen nieder. Sie standen in voller Blüte, obwohl es nicht die Zeit war, und ließen ihre Blütenblätter auf Buddha regnen.

Als Buddhas Erkrankung bekannt wurde, kam ein Mann namens Subhadra zu ihm und bat um Unterweisung. Dreimal schickte Ānanda ihn fort und dreimal kehrte Subhadra zurück. Als Buddha davon hörte, bat er Ānanda, den Mann zu ihm zu lassen. So wurde Subhadra der letzte Jünger, den Buddha zu seiner Lehre bekehrte.

Der ehrwürdige Ānanda vermochte jetzt den Schmerz über den nahenden Tod seines geliebten Lehrers nicht mehr zu ertragen. Er lehnte sich gegen den Balken eines Tores und weinte herzzerreißend. Buddha rief ihn zu sich und tröstete ihn: »Sei nicht betrübt. Du bist mir lange Zeit sehr nah gewesen durch

Nirvāna keine Polarität. Das Nirvāna besitzt keine Gegen-
welt, keine es ausgleichende Sphäre im Diesseits. Das Parinirvāna ist »begrifflich in menschlicher Sprache, die ja samsārische Verhältnisse und Bedingungen widerspiegelt, schlech-
terdings nicht zu bestimmen« (Notz 2002, S. 279).

Am Ende seines Lebens sagt Buddha zu Ānanda, dass nach
seinem Tod allein seine Lehre weiterwirken würde: »Es mag
wohl sein, Ānando, daß ihr etwa dächtet: ›Dahin ist die
Unterweisung des Meisters, wir haben keinen Meister mehr.‹
Doch man darf das nicht also ansehen. Was ich euch, als
Lehre und als Zucht, aufgewiesen und angegeben habe, das ist
nach meinem Verscheiden euer Meister.« (D 16; zit. n. KEN 2,
S. 289 f.) Tatsächlich nahm der Dharma in frühbuddhistischer

deine große Güte. Du hast es gut gemacht und wirst bald frei
sein.« Er wandte sich an seine Jünger und sprach seine letzten
Worte: »Was auch entstanden ist, muss untergehen. Arbeitet
unermüdlich an eurer Befreiung.«
Dann trat der Buddha in einen Zustand des Geistes ein, in
dem nur noch die Unendlichkeit des Raumes herrscht. Danach
verging ihm völlig das Bewusstsein von Gefühlen und Gedanken und er starb.
Viele Brüder warfen sich verzweifelt und weinend zu Boden.
Da sagte der ehrwürdige Anuruddha zu ihnen: »Hört auf zu
klagen, Brüder. Hat Buddha nicht stets verkündet, dass alles,
was einem lieb ist, verschieden werden, aus werden, anders
werden muss?«
Am siebten Tag trug man Buddhas Leiche aus der Stadt und
der ehrwürdige Mahākāśyapa und fünfhundert Mönche gaben
ihm das letzte Geleit. Der Scheiterhaufen wurde entzündet. Die
Malla nahmen die Asche des Buddha und stellten sie sieben
Tage in ihrer Ratshalle aus.
Als der König von Māgadha, die Licchavī, die Śākya und andere Herrscherhäuser hörten, dass der Erhabene in Kuśinagara
verschieden war, erhoben alle Anspruch auf seine Asche. Die
Malla wollten sie jedoch nicht herausgeben. Da teilte der
weise Drona sie in acht Teile, worauf jeder der einzelnen Kö-
nige und Fürsten einen Stūpa für seinen Teil errichtete.

Zeit eine so überragende Stellung vor der Person Buddhas ein, dass dieser wie erwähnt zunächst nie anthropomorph dargestellt wurde, sondern nur – wie die Reliefs der alten Stūpas von Sanchi, Amarāvatī und Barhut belegen – symbolisch als Rad, Bodhi-Baum, Fußabdruck oder Stūpa abgebildet wurde. Nach divergierender Ansicht soll Buddha entweder 218 oder 100 Jahre vor Aśokas Weihe zum Herrscher gestorben sein. Beide Berechnungen werden von den meisten Wissenschaftlern als nicht haltbar angesehen. Nach einhelliger Überlieferung wurde Gautama Buddha 80 Jahre alt.

Kuśinagara Warum Buddha Kuśinagara, die Hauptstadt der Malla, zur letzten Station seines Lebens wählte, ist nicht explizit. Allerdings hatten sich die Malla, die in einen Kuśinagara- und einen Pāvā-Zweig zerfielen und wie die Śākya und Licchavī nach dem alten Republik-System der frühvedischen Zeit organisiert waren, in großer Zahl seiner Lehre angeschlossen.

Vgl. Karte 1, Zudem lagen ihre Gebiete nicht weit von der Śākya-Haupt-
S. 145 stadt Kapilavastu entfernt. Auf jeden Fall zählt Kuśinagara neben dem Geburtsort Lumbinī, Bodhgayā, dem Ort, an dem Siddhārtha Gautama zum Buddha wurde, und Sārnāth, wo er seine erste Predigt hielt, zu den vier Hauptwallfahrtsorten des Buddhismus. Im 5. Jahrhundert n. Chr. gehörte es zum Gebiet der aufsteigenden Gupta-Dynastie, unter deren Herrschaft Indien zu einer denkwürdigen kulturellen und künstlerischen Blüte gelangte. Während der Regierungszeit des Kumaragupta (413-455) stiftete ein frommer Buddhist namens Haribala die sechs Meter lange Skulptur des liegenden sterbenden Buddha, die sich heute im Mahāparinirvāna-Tempel befindet, und ließ möglicherweise auch den großen Stūpa dahinter restaurieren. Offenbar erlebte Kuśinagara zu dieser Zeit eine Blüte, wenn auch der chinesische Pilgermönch Xuanzang ein Jahrhundert später vom Niedergang des Ortes berichtet. In der Neuzeit war es Alexander Cunningham, der 1861 die Stätte als Sterbeort Buddhas identifizierte. Der volkstümliche Name des Ortes Matha-kuar-kot (den er als matha, ein Partizip Perfekt der Sanskritwurzel für »sterben«, in Kombination mit »kumara«, Prinz = »toter Prinz«, deutete) erregte seine Aufmerksamkeit. Fünfzehn Jahre später wurden bei ausgedehn-

ten Grabungen der zentrale Stūpa und die aus der Gupta-Zeit stammende Figur des sterbenden Buddha im Schutt eines länglichen Schreins entdeckt. Heute wird sie in dem 1956 rekonstruierten Nirvāna-Tempel verehrt.

Als Ort der Verbrennung und Aufteilung der Asche auf acht Herrscherhäuser wird der etwa 1,5 Kilometer östlich gelegene Rambhar-Stūpa angenommen.

Werk

Die Frage nach der Authentizität der überlieferten Lehren Gautama Buddhas ist bis heute Thema wissenschaftlicher Auseinandersetzungen. Es liegen keine Beweise für eine Verwendung von Schrift zu Buddhas Zeit vor, und es steht außer Zweifel, dass seine Aussagen memoriert und mündlich weitergegeben wurden. Diese Methode der Textbewahrung und -überlieferung entsprach indes völlig den Gepflogenheiten der vedischen Zeit – die Veden bestanden seit langem in mündlicher Tradierung fort – und wurde mnemotechnisch mit hoher Präzision praktiziert. Insofern darf angenommen werden, dass der Pāli-Kanon, der zwar als die älteste Überlieferung gilt, aber nicht aus dem Munde Buddhas selbst stammt, dennoch mit großer Wahrscheinlichkeit wesentliche Inhalte seiner Lehre bewahrt.

Vgl. »Die vedische Zeit«, S. 11 ff.

Vereinfachend kann man aus heutiger Sicht das Pāli-Schrifttum dem Hīnayāna-Buddhismus zuordnen, während Texte auf Sanskrit in die Bereiche des Mahāyāna und Tantrayāna fallen. Durch aufgefundene Textfragmente sowie chinesische und tibetische Übersetzungen belegt ist jedoch, dass das Hīnayāna auch über einen Sanskritkanon verfügt haben muss. Abgesehen von den grundsätzlichen Übereinstimmungen und Überschneidungen sind die Texte des Mahāyāna von größerer Diversität – Resultat der von jeher regen Übersetzertätigkeit der Buddhisten, der historischen Umbrüche in Nordindien und der ausgedehnten Verbreitung in andere Länder. Der Pāli-Kanon hingegen verdankt seine Geschlossenheit der verhältnismäßigen Stabilität, die der Buddhismus seit seiner frühen Einführung im 2. Jahrhundert v. Chr. auf der Insel Lankā genoss.

Vgl. S. 95

Die Anfänge einer historisch-textkritischen Erforschung des buddhistischen Schrifttums sind gemacht, aber es liegt noch eine ungeheure Arbeit vor den Sprach-, Religions- und Literaturwissenschaftlern, Historikern und Soziologen. Gründe hierfür sind die schier unüberschaubare Textfülle sowie der Umstand, dass es sich um heilige, an Religionsausübung gebundene Texte handelt. Zwar ist die Unantastbarkeit religiöser Literatur, wie sie beispielsweise vom Islam für den Koran und auch von einigen christlichen Sekten für die Bibel beansprucht wird, im Buddhismus unbekannt, aber auch in buddhistischen Ländern steht die theologische Textexegese im Vordergrund.

Nepal:
Der große Stūpa
von Bodhnath
bei Kathmandu.

Eine immense Schwierigkeit und zugleich einen großen Vorteil für die Buddhologie bedeutet die Vielfalt der Sprachen, in die die Texte bereits sehr früh eingegangen sind und in denen ständig weitere Kommentare entstanden. Neben Pāli und Sanskrit sind Chinesisch, Tibetisch, Mongolisch, Nepalesisch, Japanisch, Koreanisch, Singhalesisch, Burmesisch, Thai, Laotisch und Vietnamesisch ebenfalls Sprachen des Buddhismus. In den zahlreichen Übersetzungen insbesondere chinesischer und tibetischer Gelehrter bietet sich die Möglichkeit, nicht mehr erhaltene, ältere Sanskrittexte wieder zu entdecken und durch Textvergleich wiederherzustellen. Selbst vom Chinesischen oder Tibetischen in Drittsprachen, wie z. B. das Japanische, übersetzte Schriften werden auf diesem Wege wieder aufgefunden.

So nahm im Jahre 1900, als die Einreise nach Tibet für Ausländer bei Todesstrafe verboten war, der japanische Zenmönch Eikai Kawaguchi gewaltige Strapazen auf sich, um als Tibeter verkleidet in der Klosterstadt Sera bei Lhasa unter Einsatz von Leib und Leben Schriften zu kopieren. Nach abenteuerlichem und entbehrungsreichem Studium des Tibetischen gelang es ihm, diese nach Japan zu schmuggeln, wo er den Rest seines Lebens ihrer Übersetzung widmete. Am gro-

Eikai Kawaguchi

ßen Stūpa von Bodhnath bei Kathmandu hat man ihm vor kurzem eine Gedenktafel gewidmet.

Die in westlichen Sprachen vorliegenden Texte betragen noch immer nur einen Bruchteil der gesamten Schriften.

Der Pāli-Kanon

Strittig ist der historische Verlauf der Konzile, die nach Buddhas Tod einberufen wurden, um den Dharma zu konsolidieren und zu kanonisieren. Der Überlieferung zufolge fand bereits kurz nach dem Mahāparinirvāna, dem Ableben Buddhas, ein Konzil in einer Höhle bei Rājagriha statt, dessen Ziel es war, sich auf eine endgültige Botschaft des Buddha zu einigen. Schließlich hatte er keinen Nachfolger bestimmt, sondern verkündet, dass nach seinem Tod der Dharma die Anhänger leiten würde. Die meisten Wissenschaftler halten es indes für sehr unwahrscheinlich, sogar unmöglich, dass die gewaltigen Textmengen des Pāli-Kanons bereits während dieses ersten Konzils zusammengestellt wurden. Traditionell gilt jedoch, dass Ānanda während des ersten Konzils fünfhundert herausragenden Schülern mitteilte, was er persönlich aus dem Munde Buddhas vernommen hatte, also jene Lehrreden im *Sutta-Pitaka* (»Korb der Sūtren«), die mit dem Pāli-Satz »evam me sutam« – »Das habe ich gehört« – beginnen.

Vgl. S. 49

Die Sprache Pāli Der Pāli-Kanon verdankt seinen Namen der dem Vedischen und dem Sanskrit verwandten mittelindischen Sprache Pāli, die bis heute die liturgische Sprache des Hīnayāna-Buddhismus geblieben ist. Vermutlich handelt es sich beim Pāli um eine – auf gesprochenen Sprachen fußende – Kunstsprache, die sich in buddhistischen Kreisen als Textsprache des Kanons herausbildete und den wandernden Mönchen als Lingua franca diente. Diese Erkenntnis stützt sich zum Teil auf Aśokas Inschriften. Das Wort Pāli (wörtl. »Reihe« oder »Text«) bezeichnete ursprünglich einen kanonischen Text oder Textabschnitt. Im Kanon werden mehrere Sprachen erwähnt, darunter Māghadī, aber die Vokabel Pāli taucht zunächst lediglich in der Bedeutung »Text« auf. Den ältesten bekannten Beleg für die heute übliche Verwendung »Pāli-Sprache« liefert eine siamesische Schrift vom Ende des 17. Jahrhunderts. In

Werk

Lankā erscheint diese Verwendung erst 100 Jahre später. Die meisten Forscher vermuten, dass vor dem Pāli-Kanon kein Ur-kanon – etwa auf Māghadī – bestand, da die Lehrreden wo-möglich gleichzeitig in verschiedenen nordindischen Dialek-ten weitergegeben wurden. Gegenüber dem Sanskrit weist das Pāli bestimmte (regelhafte) lautliche Verschleifungen auf, die in den folgenden buddhistischen Namen und Begriffen zur Veranschaulichung gegenübergestellt sind:

Sanskrit	*Pāli*
Siddhārtha Gautama	Sidhatta Gotama
Dharma	Dhamma
Karma	Kamma
Nirvāna	Nibbana
Cakra	Cakka
Bodhisattva	Bodhisatta
Śramana	Samana
Sūtra	Sutta
Tripitaka	Tipitaka
Śāriputra	Sāriputta
Maudgalyāyana	Mogallāna
Kāśyapa	Kassapa

Allein der Umstand, dass die Lehrreden Buddhas, der also mehrheitlicher Vermutung nach eine Form des Māgadhī ge-sprochen hat, auf keinen Fall in dessen Sprache festgehalten wurden, legt nahe, dass es sich beim Pāli-Kanon um eine nicht den originären Aussagen Buddhas entsprechende Edi-tion handelt.

Durch die Mission des Herrschers Aśoka gelangte der Kanon u. a. nach Lankā, wo er im 1. Jahrhundert v. Chr. erstmals schriftlich niedergelegt wurde.

Die für den Pāli-Kanon häufig gebrauchte Bezeichnung *Tipi-taka* (Skt. Tripitaka; wörtl. »Dreikorb«) weist auf seine Eintei-lung in die drei »Körbe« (Pitaka) Ordensregeln, Lehrreden und Scholastik hin. Der Ausdruck »Korb« soll daher rühren, dass man die erste (auf Palmblätter geritzte) Verschriftung der Lehre in Körben aufbewahrt hatte.

»Tipitaka« –
Die drei Körbe

In der altindischen Literatur besteht im Allgemeinen eine starke Tendenz zu ausführlicher Aufzählung, Kategorisierung und Verzweigung. Auch die buddhistische Literatur weist diese Eigenschaft auf, so dass die diversen Unterteilungen der existierenden kanonischen und nicht kanonischen Textmassen sich dem interessierten Laien häufig als undurchdringliches Dickicht präsentieren. Für ein grundlegendes Verständnis ist die folgende vereinfachte Darstellung der Dreier-Systematik des Pāli-Kanons durchaus ausreichend. Hervorzuheben ist, dass er der einzige vollständige Kanon einer buddhistischen Richtung in einer indischen Sprache ist.

Ordensregeln 1. Der erste »Korb« ist der *Vinaya-Pitaka*, in dem die Ordensregeln für den Sangha festgehalten sind. Er setzt sich aus zwei Hauptteilen zusammen. Seine Grundbestände gelten als die ältesten Textschichten des Kanons.

Die 227 Artikel des *Pātimokkha* sind das eigentliche monastische Regelwerk, in dem die Vorschriften für das Leben der Mönche und Nonnen niedergelegt sind. So werden beispielsweise Mord, Diebstahl, Unzucht – auch mit einem Tier – oder sich als ein Arhat, ein Heiliger, auszugeben mit Ordensausschluss geahndet. Weitere – leichtere – Vergehen sind Verleumdung, Streitsucht, Unkeuschheit, Lügen, Ungehorsam, Esslust, Besitzgier etc. So ist das Berühren einer Frau, selbst wenn es unabsichtlich geschieht, auch heute noch für die meisten Mönche ein sittlicher Verstoß. Die Nonnenregeln beinhalten neben diesen Vorschriften noch eine Vielzahl anderer Einschränkungen. Der *Suttavibhanga* kommentiert und erläutert die Regeln im *Pātimokkha*.

Der zweite Hauptteil, *Khandhaka,* illustriert in den beiden Büchern *Mahāvagga* und *Cullavagga* anhand von Legenden und Fallbeispielen die Regeln. Es treten darin auch berühmte Gestalten aus der Buddha-Biographie auf, beispielsweise der reiche Gönner Anāthapindika oder der Verräter Devadatta. Außerdem enthalten sie detaillierte Vorschriften hinsichtlich der Kleiderordnung, des Verhaltens im Krankheitsfall, während der Regenzeit, bei Feierlichkeiten etc.

Im späteren Anhang *Parivāra* wird bereits über die Konzile von Rājagriha und Vaiśālī berichtet.

2. Wichtigster Textkörper und sozusagen das Herzstück des Kanons ist der *Sutta-Pitaka* (»Korb der Sūtren«), in dem die Lehrreden des Buddha festgehalten sind. Sie sind die wichtigste Quelle für die Inhalte der ursprünglichen Lehre und folgen alle einem bestimmten Erzählschema. Erzähler ist der Jünger Ānanda, der mit den Worten »Das habe ich gehört« seinen Bericht beginnt. Sodann folgt eine Schauplatzbeschreibung, z. B.: »Zu einer Zeit weilte der Erhabene bei Sāvatthi im Siegerwalde, im Garten Anāthapindikos«, also im von Anāthapindika gestifteten Jetavāna in Śrāvastī. Anschließend schildert Ānanda, wie ein Fürst, ein Brahmane oder ein Mönch Buddha seinen Gruß entbietet, sich »seitwärts« (upani-sad) zu ihm niedersetzt und ihm eine Frage stellt, die Buddha ihm daraufhin mit einem Gleichnis beantwortet. Der Fragende nimmt die Belehrung erfreut auf und schließt sich Buddhas Gemeinde an. Einige dieser Lehrreden sind auch an die Mönche und Jünger gerichtet. In diesem Fall endet das Sutta mit den Worten: »So sprach der Erhabene. Die Mönche aber nahmen das Wort des Erhabenen mit Freude auf.«

Lehr-
reden

Der *Sutta-Pitaka* ist entsprechend der Länge der einzelnen Lehrtexte in fünf Sammlungen unterteilt.

a) *Dīghanikāya* (»Längere Sammlung«), bestehend aus 34 längeren Texten, dessen wichtigster das *Mahāparinibbānasutta* ist, die Schilderung der letzten Tage Buddhas und seines Todes.

Vgl. S. 53 ff.

b) *Majjhimanikāya* (»Mittlere Sammlung«), bestehend aus 152 mittellangen Texten, von denen einige zu den berühmtesten Episoden des Kanons gehören, wie die Lehrrede über Buddhas Erwachen. Textgeschichtlich ist die Mittlere Sammlung stark heterogen.

Vgl. S. 27 f.

c) *Samyuttanikāya* (»Zusammengehörige Sammlung«), bestehend aus 2889 nach Gruppen geordneten Predigten, zu denen auch die Predigt vom In-Bewegung-Setzen des Rades der Lehre (P. *Dhammacakkapavattanasutta*) gehört.

Vgl. S. 31 f.

d) *Anguttaranikāya* (»Angereihte Sammlung«), bestehend aus je nach Zählung 2308 oder 2363 Stücken, die nach einem ungewöhnlichen formalen Prinzip in elf Bücher eingeteilt sind: Als Klassifikator dient die einen Lehrinhalt dominierende

Zahl (etwa gehört die Lehrrede über die drei Arten von Mönchen zu den Dreiertexten).

e) *Khuddakanikāya* (»Sammlung der Bruchstücke«), bestehend aus 15 getrennten Werken, darunter das wohl in Europa berühmteste Werk des Pāli-Kanons, der *Dhammapada* (»Der Wahrheitspfad«, z. B. in: *Karl Eugen Neumanns Übertragungen aus dem Pāli-Kanon*, Bd. 3), der in 423 gebundenen Versen, die in 26 Kapitel gegliedert sind, die wesentlichen Punkte der Lehre Buddhas behandelt. Zur »Sammlung der Bruchstücke« gehören auch die Lieder der Mönche und Nonnen (bzw. der »Älteren«), *Theragāthā* und *Therīgāthā*, wie z. B. die Verse der Kurtisane Ambapālī. Außerdem beinhaltet das zehnte Buch des *Khuddakanikāya* 547 Jātaka, aus volkstümlicher Überlieferung stammende »Geburtsgeschichten« über die Vorleben Buddhas.

Vgl. S. 67 ff.

3. Der *Abhidhamma-Pitaka*, der »Korb der vertieften Lehre«, im Deutschen auch als »Kanon der Scholastik« bezeichnet, gilt als jüngster Teil des Kanons. Die darin enthaltenen sieben Schriften sind gewundene und ausführliche Definitionen und Aufzählungen gewisser Eigenschaften und Phänomene. Von besonderem Interesse ist der Text *Katthāvattu*, in dem von den herrschenden Dogmen abweichende Irrlehren diskutiert werden. Hier wird deutlich, dass der Buddhismus bereits in der Phase seiner Entstehung Gegenstand akademischer Forschung und Lehre geworden war, wie sie z. B. an der großen Klosteruniversität Nālandā betrieben wurden.

Die Scholastik

Die Texte des Pāli-Kanons in Originalausgabe sowie in englischer Übersetzung sind über die Pāli Text Society (www.palitext.com) zugänglich, die bereits 1881 von dem berühmten Pāli-Forscher Thomas William Rhys Davids ins Leben gerufen wurde und seither textkritische Erkenntnisse und Übersetzungen des Kanons herausgibt. 1903 gründete Karl Seidenstücker nach ihrem Vorbild die Deutsche Pāli Gesellschaft, die jedoch nur kurz bestand.

Das Große Schisma

Die Lehren, auf die man sich im ersten Konzil geeinigt hatte, wurden also memoriert und weitergetragen. Vorstellbar ist auch, dass sie aus dem – wahrscheinlich – Māgadhī in andere lokale Dialekte und Sprachen übersetzt wurden. Vielleicht wurden auch bestimmte Passagen bestimmten Mönchen zugeteilt, die für ihre Bewahrung zuständig waren, wie es auch bei der Weitergabe der Veden üblich war. Wie anhand des Pfeilgleichnisses gezeigt wurde, stand Buddha theoretischen Fragestellungen, die der Praxis nicht förderlich sind, ablehnend gegenüber. Philosophische Erörterungen hielt er für überflüssig, da er in ihnen keinen Nutzen auf dem Weg zur Leidensauflösung sah. Diese pragmatische Sichtweise konnte sich nach seinem Tod nicht halten. Es wurden – der indischen Tradition gemäß – Klassifikationen, Aufzählungen und Unterteilungen vorgenommen, die schließlich zu spekulativen philosophischen Diskussionen führen mussten. So ist es nur natürlich, dass sich während der langen Phase mündlicher Weitergabe nicht nur Veränderungen ergaben, sondern auch über dogmatische Fragen unterschiedlich entschieden wurde, was einerseits eine befruchtende Ideenflut, andererseits aber auch spitzfindige Wucherungen hervorbrachte. Keine übergeordnete Instanz wachte über die Orthodoxie der Lehre.

Vgl. S. 38 f.

Abgesehen von inhaltlichen Kontroversen kam es natürlich auch zu Übertretungen bzw. Neuauslegungen der Ordensregeln. Beispielsweise wurde bekannt, dass einige Mönche Gold annahmen und die Ordensdisziplin – den Vinaya – nicht mehr überlieferungsgetreu befolgten.

Etwa 100 Jahre nach Buddhas Tod (um 380 v. Chr.) soll ein zweites Konzil in Vaiśālī, der Hauptstadt der Licchavī, einberufen worden sein. Es führte zu einer Spaltung, in der die heute bestehende Zweiteilung in Mahāyāna- und Hīnayāna-Buddhismus bereits angelegt war. Ausgangspunkt der Auseinandersetzung war die besagte Ordensdisziplin. Eine Gruppierung, die sich Mahāsanghika (»Große Versammlung«) nannte, sprach sich für eine großzügigere Auslegung der Vorschriften aus und spaltete sich von einer der Orthodoxie verpflichteten Gruppe – den Sthaviravādin (»Die Älteren«) – ab.

»Große Versammlung« vs. »Die Älteren«

China: Bodhisattva und Arhat – Avalokiteśvara und Buddhas Jünger Kāśyapa in den Longmen-Grotten bei Luoyang, buddhistischen Höhlentempeln aus dem 6./7. Jahrhundert n. Chr.

Ein dogmatischer Streitpunkt, der zu diesem Schisma beitrug, war die Bewertung des Arhat, des Heiligen. Als Arhat galt ein Jünger, der durch die Befolgung der Lehre Buddhas Nirvāna und somit Vollendung erlangt hatte. Nach Auffassung der Mahāsanghika blieb ein Arhat unvollkommen, auch wenn er den Zustand des Nirvāna erreicht hatte. Ein Arhat müsse unvollkommen sein, so ein beliebtes Argument, da er keine Gewalt über seine Träume habe. Dies offenbare sich

Arhat

schon dadurch, dass er Samenergüsse im Schlaf nicht vermeiden könne. Die orthodoxen Sthaviravādin hingegen beharrten trotz dieser Einwände auf seiner Vollkommenheit.

Ebenfalls von weitreichender Bedeutung für die Fortentwicklung der Lehre in die Richtung des späteren Mahāyāna-Buddhismus war die Tendenz der Mahāsanghika, Buddha zu deifizieren und sein Menschtum zugunsten eines überweltlichen Prinzips zu verwerfen. Zugleich leiteten sie daraus die der ursprünglichen Lehre im Grunde entgegengesetzte Idee ab, dass Buddha *nicht* erloschen sei. Stattdessen würde er »mit einem Mitleid, das ebenso unbegrenzt sei wie die Dauer seines Lebens, bis ans Ende der Zeit, Boten aller Arten beschwören, damit sie allen Wesen auf verschiedenste Weise helfen« (Conze 2005, S. 37; eine komprimierte Darstellung der verschiedenen Abspaltungsprozesse und ihrer Folgen siehe ebd.). Damit wurde der von der Mahāsangika als unvollkommen eingestufte Arhat von einem neuen spirituellen Retter, dem Bodhisattva (P. Bodhisatta, wörtl. »Erwachungswesen«), überflügelt. Der Bodhisattva ist ein Wesen, das zwar »erwacht« ist, aber freiwillig auf das daraus resultierende Nirvāna und die Buddhaschaft verzichtet, um andere Lebewesen auf ihrem Weg zu unterstützen, auch auf durchaus praktische und handfeste Weise. Aus Mitgefühl (Skt. Karunā) stürzt der Bodhisattva sich immer wieder ins Samsāra, den qualvollen Kreislauf der Wiedergeburten. Diese Vorstellung beinhaltet eine altruistischere Weltsicht, als sie in der ursprünglichen Lehre angelegt ist, mit der Gautama Buddha in erster Linie eine Möglichkeit aufzeigte, die grundsätzliche Leidhaftigkeit des eigenen Lebens persönlich zu bewältigen – ein Pratyeka-Buddha, ein »Einsam-Erwachter«, zu sein, der die Erleuchtung nur für sich erlangt hat. Das Bodhisattva-Ideal wurde so zentral, dass besonders in den frühen Stadien des Mahāyāna auch vom Bodhisattvayāna gesprochen wird.

Bodhisattva

Die »Jātaka« – »Geburtsgeschichten«

Frühen literarischen Niederschlag findet diese Idee in den *Jātaka*, die auf märchenhafte Weise frühere Leben Buddhas schildern. In diesen Erzählungen, die auf älterem Volksgut

Indien: Der große Stūpa von Sanchi wurde im 3. Jahrhundert v. Chr. von Aśoka errichtet. In einem Seiten-Stūpa sollen sich die Reliquien zweier Jünger Buddhas befunden haben.

basieren, das »buddhifiziert« (Mylius) wurde, wird Buddha in seiner Funktion als Bodhisattva unzählige Male – häufig in Gestalt von Tieren – zum Wohle der Menschen wieder geboren. Zum *Sutta-Pitaka* (»Sūtrenkorb«) des Pāli-Kanons gehören, wie erwähnt, 547 *Jātaka*, aus denen einzelne Szenen bereits ab dem 2. Jahrhundert v. Chr. bildnerisch am Stūpa von Sanchi und auch in den Höhlen von Ajanta dargestellt sind. Formal baut sich ein *Jātaka* aus fünf Teilen auf: 1. eine Rahmenerzählung, in der berichtet wird, bei welcher Gelegenheit Buddha die Geschichte anführt; 2. die eigentliche Geschichte aus der Vergangenheit; 3. die Gāthā–Verse, die als ältestes Kernstück aller *Jātaka* gelten und vermutlich erst später mit Prosateilen »ummantelt« wurden; 4. ein Kommentar zu den Versen und 5. der Abschluss der Rahmenerzählung, in dem Buddha die Verbindung der Vergangenheit zur Gegenwart knüpft.

Einige *Jātaka* haben didaktische und erbauliche Funktion und dienten ganz offenkundig der erzählerischen Vermittlung buddhistischer Verhaltensethik. Ein großer Teil von ihnen behandelt eher allgemeinere Lebensweisheiten. Dazu gehören brahmanistische Legenden, Märchen, Balladen und Tierfa-

Werk

beln. Berühmt ist *Jātaka* 294, »Die Geschichte vom Rosen-
apfelesser« (vgl. Mylius 2000, S. 339 ff.), in der ein Schakal
und eine Krähe einander in Versen schmeicheln, um sodann
von der Gottheit des Baumes, auf und unter dem sich das
Ganze abspielt, zurechtgewiesen zu werden. Bei dem Schakal
handelt es sich um den späteren Buddha-Gegner Devadatta,
den Vetter, der ihm der Legende nach in Rājagriha nach dem
Leben trachtete, um die Führung des Sangha an sich zu rei-
ßen, und einen Spießgesellen namens Kokālika, der einstmals
die beiden Hauptjünger Sāriputta und Moggallāna vor Buddha schlecht machen wollte. Die Baumgottheit ist natürlich
der zukünftige Buddha selbst. Überhaupt treten in den *Jātaka*
immer wieder Persönlichkeiten aus dem Umfeld Gautama
Buddhas auf.

Vgl. S. 47 f.

Vermutlich als Folge der Verbreitung des Buddhismus finden
sich indische Märchen, lokal koloriert und häufig sehr stark
verändert, im gesamten asiatischen Raum und sogar in Europa.

»Milindapañha« – »Die Fragen des Menandros«

Das bekannteste nachkanonische Pāli-Werk aus Nordindien
sind die *Milindapañha* (»Die Fragen des Menandros«), denen
jedoch möglicherweise ein um die Zeitenwende entstandenes
Sanskritwerk zugrunde liegt, das in Lankā übersetzt wurde.
Menandros oder Milinda (reg. etwa 125-95 v. Chr.) war einer
von etwa 40 gräko-indischen Königen, die in den beiden
Jahrhunderten v. Chr. im nordwestlichen Indien herrschten.
Zuzeiten dehnte sich sein Machtbereich bis in die westliche
Gangesebene aus. Die *Milindapañha* stellen in Form von
Frage und Antwort dar, wie der König von dem Mönch
Nāgasena in die buddhistische Lehre eingeführt wird. Die
Einleitung schildert Menandros als »weisen, erfahrenen, ein-
sichtigen und befähigten Herrscher«, der zahlreiche Wissen-
schaften gemeistert hat: »Die Überlieferung, das konventio-
nelle Gesetz, die Śānkya-, Yoga-, Nyāya- und Vaiśeshika-Phi-
losophie, Arithmetik, Musik, Heilkunde, die vier Veden, die
Purānen und die Legenden, Sternkunde, Zauberei, Logik, Be-
schwörungskunst, Kriegskunst, Dichtkunst und die Zeichen-

Vgl. »Buddhisti-
sche Herrschaft
in Indien«,
S. 76 ff.

sprache. Kurz gesagt, neunzehn Wissenschaften. Bei sämt-
lichen Glaubensstiftern galt er als der bedeutendste Redner
und als ein unvergleichlicher, unbesiegbarer Gegner.« (Zit. n.
Nyānaponika 1998, S. 28) Eines Tages, nachdem König Milinda seine Truppen abgenommen hat und sich ein wenig
langweilt, äußert er den Wunsch nach einem Wortgefecht mit
einem »weisen Asketen«. Zunächst zählen ihm seine fünfhundert Yonaka (Jonier, so wurden die Griechen bezeichnet)
sechs nichtbuddhistische Lehrer und Zeitgenossen Buddhas
auf. Als der König zwei berühmte Weise mühelos widerlegt
hat, tut er den bekannten Ausruf, der auch heute noch gern in
scherzhafter Anspielung auf die indische Vielfalt philosophischer und religiöser Lehrer zitiert wird: »Wahrlich, nichtig ist
doch dieses Indien! Einer leeren Hülse gleicht es. Denn nicht
einen einzigen gibt es unter den Asketen und Priestern, der
imstande wäre, mit mir zu diskutieren und meine Zweifel zu
lösen.« (Ebd. S. 30) Von Milindas Disputierlust vertrieben,
verlassen nach und nach alle weisen Männer seine Stadt und
ziehen sich in den Himalaja zurück. Dort berät man sich, wie
die Zweifel des Königs zu beheben seien. Schließlich erhält
der Göttersohn Mahāsena den Auftrag, in Gestalt einer Wiedergeburt mit Milinda zu diskutieren. Zuerst will er nicht so
recht, denn »Schrecklich ist die Menschenwelt!« (ebd. S. 31),
wird aber schließlich doch überzeugt. Hier ist die Vorstellung

Vgl. S. 67 vom Bodhisattva umgesetzt, der freiwillig zum Wohle anderer
das Opfer einer Wiedergeburt bringt. Mahāsena kommt also
als Brahmanensohn Nāgasena auf die Welt, wo er, nachdem er
alt genug ist, von einem ehrwürdigen Lehrer im buddhistischen Kanon unterrichtet wird. Dadurch wird er selbst zu einem Weisen, der imstande ist, Milindas »spirituelle Krise« zu
lösen und seine Fragen zu wichtigen buddhistischen Lehrinhalten in gleichnishafter Form zu beantworten. Formell
vollziehen sich alle Gespräche nach dem gleichen Muster wie
das folgende, in dem Nāgasena dem königlichen Sucher die
Vgl. S. 41 Lehre von der Nicht-Seelenhaftigkeit veranschaulicht.

»Der König sprach: ›Vollzieht sich wohl, ehrwürdiger Nāgasena, die Wiedergeburt ohne eine Seelenwanderung?‹

›Gewiß, o König.‹

›Wieso aber, o Herr, kann es eine Wiedergeburt geben ohne eine Seelenwanderung? Erkläre mir dies.‹

›Wenn zum Beispiel, o König, ein Mann eine Lampe an einer anderen Lampe anzündet, würde dabei wohl das Licht der einen Lampe zur anderen Lampe hinüberwandern?‹

›Nicht doch, o Herr.‹

›Ebenso auch, o König, wird man wiedergeboren, ohne daß dabei irgend etwas hinüberwandert.‹

›Gib mir ein weiteres Gleichnis!‹

›Erinnerst du dich vielleicht, o König, daß du als Knabe von deinem Lehrer irgendein Gedicht gelernt hast?‹

›Gewiß, o Herr.‹

›Wie nun aber, o König, ist etwa jenes Gedicht von deinem Lehrer (während er es rezitierte) zu dir hinübergewandert?‹

›Nicht doch, o Herr.‹

›Ebenso auch, o König, wird man wiedergeboren, ohne daß dabei irgend etwas hinüberwandert.‹

›Klug bist du, ehrwürdiger Nāgasena!‹« (Ebd. S. 98 f.)

Ganz offenkundig schließen sich die Fragen des Milinda inhaltlich eng an die ursprünglichen Lehren des Pāli-Kanons an.

Die Felsenedikte des Herrschers Aśoka Maurya

Als maßgeblich für die Erstellung eines kanonischen Textkörpers gilt der Wissenschaft das dritte Konzil in Pātaliputra um 250 v. Chr. unter Kaiser Aśoka, der bereits in vorherigen Kapiteln als Urheber der berühmten Säulen- und Felsenedikte in ganz Nordindien und an den für Buddhas Lebensweg entscheidenden Stationen erwähnt wurde. Zu seiner Zeit sollen schon über 30 Schulen (traditionell wird die Zahl 18 genannt) existiert haben.

Vgl. S. 149 f.

Unter dem Patronat dieses Herrschers, dessen Regierungszeit H. G. Wells »eines der erquicklichsten Zwischenspiele in der unheilvollen Geschichte der Menschheit« (Wells 1975, S. 107) nennt, erlebte der Buddhismus einen entscheidenden Aufschwung. Aus historisch bisher nicht geklärten Gründen war es um 320 v. Chr. zu einem Dynastienwechsel in Māgadha ge-

> Er [Aśoka] organisierte in Indien planmäßige Brunnenbohrungen und Baumpflanzungen im großen Stil. Er gründete Spitäler, ließ öffentliche Gärten anlegen und die Anpflanzung von Heilkräutern systematisch betreiben. Er schuf ein Amt, das sich mit den unterworfenen Rassen der Eingeborenen Indiens zu befassen hatte. Er sorgte für die Erziehung der Frauen. Er gab den buddhistischen Lehrorden reiche Spenden und trachtete, sie zu einer besseren und energischeren Kritik ihrer umfangreichen Literatur anzuregen. Denn Entstellungen und abergläubisches Beiwerk hatten die reine und einfache Lehre des großen indischen Meisters in kurzer Zeit überwuchert. Und Missionare, von Asoka entsendet, wirkten in Kaschmir, Persien, Ceylon und Alexandrien.
>
> Das war Asoka, der größte aller Könige. Er war seiner Zeit weit voraus.
>
> (H. G. Wells, *Die Geschichte unserer Welt*, S. 107 f.)

kommen, in dessen Verlauf der erfolgreiche Kriegsherr Candragupta Maurya den Thron in Pāṭaliputra bestieg. 268 v. Chr. wird sein Enkel Aśoka zum Herrscher über das Maurya-Reich, das sich über weite Gebiete Nordindiens bis in den Südwesten erstreckte. Zunächst war Aśoka in die Fußstapfen Candraguptas getreten und hatte im Jahre 260 v. Chr. in einem blutigen Krieg die Kalinga, ein Volk im Südosten des Subkontinents (heute Orissa), unterworfen. Später bereute er das grausige Blutbad, das auf seinen Befehl unter den Kalinga angerichtet worden war. Es wurde zum Auslöser für die Bekehrung des Herrschers zur Gewaltlosigkeit und damit zu einer Abkehr, ja sogar einem Verbot von Tieropfern, wie sie beispielsweise das Pferdeopfer Aśvamedha in riesiger Zahl verlangte. Das berühmte 13. Felsenedikt des Aśoka ist Teil eines aus vierzehn Edikten bestehenden Gesetzestextes, der einmal in Brāhmī-Schrift in der Nähe des Berges Girnār (im heutigen Bundesstaat Gujarat, nahe der Stadt Junāgarh) und auf Karoshtī in Kālsī (Bundesstaat Uttar Pradesh, nahe Dehra Dun) entdeckt wurde. Ein Abguss des Girnār-Felsens ist vor dem Indischen Nationalmuseum in Neu-Delhi zu besichtigen. Als eines der frühsten schriftlichen Zeugnisse bud-

Vgl. S. 13

Vgl. S. 74 f.

dhistischer Glaubensethik ist Aśokas 13. Felsenedikt ein Dokument, das »jeder lesen sollte« (Gombrich 2000, S. 12).
Zwei Jahre nach dem Sieg über die Kalinga wurde Aśoka buddhistischer Laienanhänger, pilgerte zu den heiligen Stätten und ließ dort Gedenksäulen und Stūpas errichten. Ferner ließ er in allen Teilen seines Reiches die genannten Inschriften anfertigen, die in der jeweiligen Regionalsprache in der ortsüblichen Schrift (Brāhmī, Karoshtī und in Gandhāra im äußersten Nordwesten Griechisch und Aramäisch) den Dharma verkündeten. Das dritte Konzil in der Hauptstadt Pātaliputra wurde einberufen, um schismatischen Tendenzen und einer sich ausbreitenden Masse falscher Mönche entgegenzuwirken. Eine neue gereinigte Version der Lehre sollte erstellt werden.

Das 13. Felsenedikt des Aśoka, 3. Jahrhundert v. Chr. (Ausschnitt).

Bereits kurz nach Aśokas Konzil erfährt die buddhistische Literatur eine umfassende Sanskritisierung. Diese Sprache wird als »Buddhist Hybrid Sanskrit« oder »buddhistisches Sanskrit« bezeichnet und unterscheidet sich von der der klassischen Sanskritliteratur. Ein vollständiger Sanskrit-Kanon, der dem Pāli-Kanon entspräche, existiert jedoch nicht. Neben dieser sprachlichen Entwicklung ergaben sich auch religionsgeschichtlich weit reichende Umdeutungen, verursacht durch verschiedene, auch nichtindische Einflüsse, die einen »Durchbruch zur Transzendenz« (Schumann 2000, S. 161) einleiteten und in deren Folge sich die Lehre des Großen Fahrzeugs, des Mahāyāna, herausbildete. Wichtig ist indes zu betonen, dass der Mahāyāna-Buddhismus organisch aus der älteren Lehre hervorgegangen und ein Großteil seiner Anschauungen dort bereits angelegt ist. Er stellt also keinen abrupten Bruch dar.
Es wird häufig – irrtümlich – angenommen, der frühe Buddhismus der Älteren, der Theravādin, hätte nur einen Buddha gekannt, nämlich den historischen Siddhārtha Gautama Buddha, während es im Mahāyāna unvermittelt zu einer Art Vielgötterei gekommen wäre. Tatsächlich werden jedoch im *Sutta-Pitaka* sechs Vorläufer-Buddhas ausführlich beschrieben:

Vorläufer-Buddhas

»Es ist nun, ihr Mönche, einundneunzig Zeitalter her, seitdem Vipassi als Erhabener, Heiliger, vollkommen Erwachter in der Welt erschien. Es ist nun einunddreißig Zeitalter her, seitdem Sikhī als Erhabener in der Welt erschien. Dann aber im einunddreißigsten Zeitalter, war Vessabhū als Erhabener in der Welt erschienen.« (D 14; zit. n. KEN 2, S. 184) Darauf nennt Gautama Buddha noch Kakusandha, Konāgamana, Kassapa und zum Schluss sich selbst. Es folgt eine genaue Lebensbeschreibung der Vorläufer, die in etwa der Biographie des Gautama entspricht, und eine Aufzählung ihrer jeweiligen Jünger, die auch Entsprechungen in Gautamas eigenen Jüngern finden. Hier ist die Entwicklung Buddhas zur zeitlosen Verkörperung eines Ideals, zu der er sich im Mahāyāna entwickelt, bereits vorhanden.

Allerdings besteht besonders in der wissenschaftlichen Buddhismus-Literatur in Deutschland die Tendenz, im Hīnayāna-Buddhismus die »reinere« Lehre zu sehen, was natürlich in Anbetracht seiner Vorzeitigkeit eine gewisse Berechtigung hat.

Das 13. Felsenedikt des Aśoka

– Als König Devānampriya Priyadarśin [Aśoka] acht Jahre König war, eroberte er das Reich der Kalinga.

– 150 000 Männer fielen dort ein, 100 000 wurden dort getötet und noch viele mehr, die dort starben.

– Nachdem das Land der Kalinga erobert wurde, widmet sich Devānampriya dem eifrigen Studium der Lehre, der Liebe zur Lehre und der Unterweisung des Volkes in der Lehre.

– Dies ist die Reue Devānampriyas über seine Eroberung der Kalinga.

– Denn Devānampriya betrachtet es als schmerzlich und beklagenswert, dass es bei der Eroberung eines Landes Mord, Tod und Vertreibung gibt.

– Doch Folgendes wird von Devānampriya als noch beklagenswerter angesehen.

– Die Brahmana, die Śramana oder andere Sekten und Haushälter, die dort leben und den Oberen gehorchen, Mutter und Vater gehorchen, den Älteren gehorchen, ihre Freunde, Bekannten, Gefährten, Verwandten, Sklaven und Diener mit rechtem Anstand behandeln, auch diese trifft der Tod und die Vertreibung derer, die sie lieben.

– Oder wenn den geliebten Freunden, Bekannten, Gefährten und Verwandten ein Unglück zustößt, wird dies zum Unglück für alle, auch wenn es ihnen gut geht.

– Dies wird von allen geteilt und von Devānampriya als beklagenswert gesehen.

– Und es gibt keinen Ort, an dem die Menschen nicht irgendeiner Schule anhängen.

– Und wären auch nur der hunderste oder der tausendste Teil von all diesen Menschen damals in Kalinga getötet und vertrieben worden, so wäre dies dennoch beklagenswert für Devānampriya.

– Und Devānampriya glaubt, dass selbst demjenigen, der ihm ein Unrecht zufügt, vergeben wird, was vergeben werden kann.

– Und auch die Waldbewohner, die seinem Reich angehören, befriedet Devānampriya und bringt sie zur Meditation.

[...]

– Denn Devānampriya wünscht für alle Lebewesen, dass sie sich des Verletzens enthalten, und Selbstbeherrschung und Gerechtigkeit im Falle der Gewalt.

[...]

– Dies ist wiederholt von Devānampriya erreicht worden, hier und unter den Anrainern seines Reiches, bis weithin, wo der Yona-König mit Namen Antiyoka [Antiochos II. von Syrien] herrscht [es folgt die Aufzählung weiterer Königreiche im Westen und in Südindien]

[...]

– Denn dies wird Früchte tragen in dieser Welt und in der anderen.

(Übers. v. U. G. n. E. Hultzsch (Hg.), *Inscriptions of Asoka*, Corpus Inscriptionum Indicarum, S. 47 f.)

76

Exkurs
Buddhistische Herrschaft in Indien

Hinsichtlich der Entstehungsgeschichte des Mahāyāna-Buddhismus sind noch viele Fragen offen. Sicher ist jedoch, dass
er sich durch verschiedene Einwirkungen aus Nordwest- und
Südindien entwickelt hat. So war der Buddhismus im Nordwesten, fern von den großen Ebenen von Ganges und Yamuna, in denen er entstanden war, vielfältigen nichtindischen
Einflüssen ausgesetzt (vgl. Conze 2005, S. 49). Diese Region
umfasste Teile des heutigen Kaschmir und Pandschab sowie
Pakistans und Afghanistans und erstreckte sich bis in den östlichen Iran. In ihrem Zentrum lag seit dem 1. Jahrhundert v.
Gandhāra Chr. das gräko-indische Reich Gandhāra mit der Hauptstadt
Purushapura (Peshawar). Durch dieses Gebiet wurden auf ge-
schäftigen Handelsrouten Seide und Gewürze nach Westen
und römisches Glas und andere wertvolle Güter nach Osten
transportiert. Hier trafen und verbanden sich Einflüsse aus
Indien, Persien, Zentralasien, China und der griechisch-römi-
schen Welt. In diesem kulturell fruchtbaren Klima kam es zu
Gandhāra- einer Reihe historischer, geistesgeschichtlicher und künstleri-
Buddha, 2./3. scher Entwicklungen, die nicht nur die Kultur Indiens, son-
Jahrhundert dern ganz Asiens nachhaltig prägten.
n. Chr. Schon früh sollen Anhänger Buddhas Gandhāra aufgesucht
haben, doch erst im Zuge von Aśoka Mauryas
Missionstätigkeit fasste die neue Religion dort
Fuß und brachte schließlich die herausragenden Kunstwerke des buddhistischen Gan-
dhāra-Stils (1.-5. Jahrhundert) hervor. Aśoka war schon als Kronprinz Statthalter der
bereits damals blühenden Stadt Taxila gewesen, die später eine bedeutende Stätte
buddhistischer Gelehrsamkeit wurde, und
legte besonderen Wert auf die Missionsarbeit
in dieser Region.
Nach dem Niedergang der Maurya gelang
es den Gräko-Baktriern, ihren Machtbereich bis zum Pandschab auszudehnen.
Zu ihnen gehört der Indo-Grieche Me-

nandros (Milinda), der – nach Nāgasenas Überzeugungsarbeit – zu einem Förderer des Buddhismus geworden sein soll. Nach ihm zerfiel das indo-griechische Reich allerdings rasch in mehrere einflusslose Kleinstaaten. Später vermischten sich die Indo-Griechen mit anderen Völkern wie den Skythen und Parthern. Als Nächste ließen sich die Kushān, ein Stamm des Nomadenvolkes Yuezhi aus China, in Baktrien nieder und eigneten sich griechische Kulturgüter wie z. B. das Alphabet an. In der Folge stießen sie bis in die Gangesebene vor und schufen ein riesiges Reich, das sich über ganz Nordindien erstreckte. Den Höhepunkt ihrer Macht erreichten die Kushān unter dem Herrscher Kanishka (umstritten 78-144 n. Chr.). Ähnlich wie bei Aśoka, vielleicht auch an seine Geschichte anknüpfend, war der Auslöser für Kanishkas Bekehrung zum Buddhismus sein Entsetzen über das blutige Gemetzel bei seinen Eroberungszügen. Wichtiger Beleg für Kanishkas Affinität zum Buddhismus ist eine Goldmünze aus seiner Zeit,

Vgl. S. 69 ff.

Die Kushān und Kanishka

Goldmünze mit dem Abbild Buddhas und des Kushān-Herrschers Kanishka.

deren eine Seite einen stehenden Buddha mit den typischen Attributen abbildet: buddhistische Robe, Heiligenschein, lang gezogene Ohrläppchen, die die vornehme Abkunft Siddhārthas (prächtige Ohrgehänge) und seinen Verzicht darauf symbolisieren, und haarknotenartige Wölbung auf seinem Kopf (Ushnisha), die übernatürliche Weisheit andeutet. Rechts von der Figur befindet sich Kanishkas Monogramm, links von ihr ist in griechischer Schrift der Name »Boddo« zu lesen. Die andere Seite der Münze zeigt Kanishka mit Bart in weiten Reiterhosen und -stiefeln, in einen flatternden Umhang gehüllt. Ihm wird die Einberufung eines vierten bud-

Afghanistan: Die Höhlen von Bamiyan, wie sie bis zur Zerstörung durch die Taliban im Jahre 2001 bestanden.

dhistischen Konzils unter dem Vorsitz des Viśvamitra in Kaschmir zugeschrieben, was jedoch von den meisten Gelehrten als fromme Legende bewertet wird. Auch nachdem die Kushān im 3. Jahrhundert n. Chr. von den persischen Sassaniden verdrängt worden waren, gibt die rege bildhauerische Tätigkeit in Gandhāra bis ins 5. Jahrhundert n. Chr. künstlerisches Zeugnis von der dauerhaften Blüte des Buddhismus im Nordwesten Indiens. Auch in dieser Zeit entstanden noch Klöster und Stūpas mit zahllosen Buddha-Nischen und wunderschönen Reliefs, die das Leben des Meisters auf kunstvolle und lebensfrohe Art abbildeten. Wie in Griechenland waren die Skulpturen bemalt. Im äußersten Westen Gandhāras, in den Tälern des heutigen Afghanistan, gab es Ausläufer dieser Kunst sogar bis ins 8. Jahrhundert. An den Felswänden des grünen Bamiyan-Tales zu Füßen des Hindukusch schufen Mönche unzählige mit Malereien und Statuen geschmückte heilige Grotten. Gewaltigstes Zeugnis des Buddhismus im Tal von Bamiyan waren jedoch drei riesige in den Fels gehauene Buddhas, von denen der eine mit fast 55 Metern Höhe als größte stehende Steinfigur der Welt galt, bis sie 2001 von den Taliban gesprengt wurde.

Die Gupta-Dynastie

Im Kerngebiet Indiens herrschte bis ins 6. Jahrhundert, sich zu einem Großreich nach Süden ausbreitend, die Dynastie der Gupta, deren genaue Herkunft – vermutlich aus der Gan-

Werk

gesebene – die Geschichtswissenschaft bisher nicht zweifelsfrei zu klären vermochte. Die Gupta-Zeit gilt als die »Klassik« Indiens und brachte eine umfangreiche Sanskrit-Dichtung hervor, deren berühmtester Vertreter der Dramatiker Kalidāsa (frühes 5. Jahrhundert n. Chr.) war, dessen Stück *Śakuntalā* Goethe sehr schätzte. Auch ihre Hauptstadt war Pātaliputra. Vgl. S. 48 Obwohl die Gupta Anhänger des hinduistischen Gottes Vishnu waren, übten sie große religiöse Toleranz und förderten die buddhistischen Klöster durch Stiftungen. Den Vishnuiten gilt Buddha als neunter der zehn Avatāre – Herabkünfte – ihres Gottes Vishnu.

Ab dem 5. Jahrhundert leitete schließlich der Einfall der Hephtaliten oder »Weißen Hunnen«, Nomadenverbänden aus Zentralasien, die Verdrängung des Buddhismus ein. Im 6. Jahrhundert kam es zum Untergang des Gupta-Reiches und der alten Stadtkultur der Gangesebene, womit dem Buddhismus als »urbaner Religion« die Überlebensgrundlage entzogen wurde.

Im frühen Mittelalter (von 607 bis 647) gelang es noch einmal einem indischen König, ein großes Reich in Nordindien zu regieren. Harsha war einer der gebildetsten, feinsinnigsten König Harsha Herrscher seiner Zeit, der ganze Heerscharen von Dichtern in seiner Hauptstadt Kanauj versammelte. Vor allem gilt er als der letzte große Förderer des Buddhismus in Indien. Besonderes Interesse scheint er der Yogācāra-Lehre des Āsanga, wie sie Vgl. S. 87 f. in Nālandā unterrichtet wurde, entgegengebracht zu haben. Eine wichtige Quelle für die Zeit Harshas ist der Bericht des chinesischen Pilgers Xuanzang. Anlässlich seines Besuches ließ Harsha in Kanauj einen philosophischen Disput zwischen Vertretern des Kleinen und des Großen Fahrzeugs veranstalten. Nach seinem Tode ging jedoch die Blütezeit des Buddhismus in Indien unwiderruflich ihrem Ende entgegen. Harsha zählt neben Aśoka und Kanishka zu den drei großen Förderern des Buddhismus in Indien.

Schrifttum des Mahāyāna
Merkmale des Mahāyāna-Buddhismus

Die zuvor geschilderten turbulenten historischen Abläufe führten immer wieder zu kulturellen und religiösen Umbrüchen. Als günstig für das Fortbestehen des Buddhismus erwies sich zunächst, dass das Nomadenvolk, aus dem die Kushān hervorgingen, kein eigenes gefestigtes Religionsgefüge mitbrachte und so zu Anhängern des vorgefundenen Bekenntnisses wurde. Die Gupta wiederum stammten selbst aus dem alten buddhistischen Kernland und sahen offenbar keine Veranlassung, den religiösen Status quo abzuschaffen.

Vgl. S. 73 An den Veränderungen der buddhistischen Glaubenssätze im Mahāyāna lässt sich zum einen ein zunehmender Einfluss des Hinduismus und zum anderen ein Erstarken der Position der Laienanhänger ablesen. Bereits die Bezeichnung »Großes Fahrzeug« (zur Erleuchtung) drückt aus, dass größere Teile der Anhängerschaft den Weg zur Erleuchtung beschreiten können, als es im »Kleinen Fahrzeug« möglich ist. Der Begriff »Hīnayāna« (Skt. hīna, »gering«) deutete ursprünglich abwertend auf den Gegensatz zum allumfassenden »Mahāyāna« hin, denn in einem großen Wagen finden naturgemäß mehr Leute Platz als in einem kleinen. Die Anhänger des Hīnayāna bevorzugen die Bezeichnung »Theravāda«, »Lehre der Älteren«, und nennen sich »Theravādin«.

Unterschiede zwischen Mahāyāna und Hīnayāna Welches waren nun die grundlegenden Neuerungen gegenüber den Vorstellungen der älteren Formen des Buddhismus? Es wurde bereits beschrieben, wie das Hīnayāna-Ideal des nur am eigenen Erwachen arbeitenden Arhat Konkurrenz von den mitfühlenden und selbstlosen Helfer-Bodhisattvas bekam.

Vgl. S. 36 ff. Der Achtfältige Pfad, der durch Selbstdisziplin zur Eigenerlösung führt, verliert im Mahāyāna zunehmend zugunsten einer Verdienstethik der guten Taten an Bedeutung.

– Ein zukünftiger Bodhisattva praktiziert nicht zu seinem eigenen Wohl, sondern zu dem anderer Menschen die »Sechs Vollkommenheiten« (Pāramitā): Großzügigkeit, Moral, Geduld, freudige Bemühung, Konzentration und Weisheit.

– »Weisheit« (Prajnā) und »Mitgefühl« (Karunā) werden als die höchsten Tugenden benannt. Der pragmatische Begriff

Werk

der »Geschicklichkeit der Mittel« oder Methode (Upāya) wird
eingeführt.

– Ein Kernaspekt des Mahāyāna ist die Vorstellung von einer
grundsätzlich allem Sein inhärenten »Leere« (Śūnyatā) oder
»Soheit« (Tathatā), die an Gautamas ursprüngliche These von Vgl. S. 41
der Nicht-Existenz der Seele (Anātman) anknüpft.

– Die Rolle des historischen Gautama Buddha tritt in den
Hintergrund, während sich ein wahres Pantheon aus Buddhas
und Bodhisattvas entwickelt. Im Zuge der Ausschmückung
der Buddha-Legende, wie sie beispielsweise im *Lalitavistara* Vgl. S. 149
stattfindet, wird Gautama zunehmend in eine mystische und
mythische Gestalt umgedeutet. Mit dem Bodhisattva als per-
sonifiziertem Mitgefühl wurde auch die Vorstellung unhalt-
bar, dass Buddha sich durch sein Nirvāna den nach Erleuchtung strebenden Anhängern als Heilsbringer entzogen hatte.
Er wandelte sich zur Projektion oder Manifestation eines
transzendenten Buddhas, der ausgesendet worden war, um
den Menschen den Weg zur Erlösung zu weisen.

Diese Veränderungen mündeten schließlich in einer neuen **Die Drei-**
»Buddhologie«, die den Buddha mit drei Körpern (Skt. Trikā- **Körper-Lehre**
ya) von verschiedener Qualität ausstattete.

Danach gibt es:

1. Einen Buddha mit einem absoluten, nichtstofflichen »Dhar-
ma-Körper«, dem »Dharmakāya«, der als Wahrheitsprinzip
über allem steht.

2. Buddhas mit einem transzendenten, überirdisch-feinstoff-
lichen »Wonne-Leib«: »Sambhogakāya«. Diese werden auch
»Meditationsbuddhas« genannt, da sie spirituell erfahrbar
sind. Menschen sind allerdings zu derart intensiver Meditation nicht fähig, daher ist der Kontakt zu diesen Buddhas nur
den Bodhisattvas möglich.

3. Die Meditationsbuddhas wiederum projizieren die irdischen Buddhas mit grobstofflichen Körpern, »Nirmānakāya«,
mittels Meditation auf die Welt. Diese erscheinen wie Siddhārtha Gautama in menschlicher Gestalt und sind phy-
sischem Verfall unterworfen. Sie haben den Menschen
jedoch die 32 Merkmale voraus, die Buddha in seiner Rede
über die Merkmale (vgl. D 7; KEN 2, S. 516 ff.) aufzählt. In der

Ikonographie besonders auffällig sind die »Räder«, die an den Sohlen seiner »wohlgefesteten Füße« zu sehen sind, der »Scheitelkamm« (ursprünglich ein Haarknoten), das Stirnmal (»eine Flocke zwischen den Brauen, weiß und weich wie Baumwolle«) und vom schweren Ohrschmuck lang gezogene Ohrläppchen, den z. B. Siddhārtha als junger Mann vornehmer Herkunft trug. Sie werden nicht wieder geboren. Zu ihnen gehört Maitreya, der zukünftige Buddha, der noch auf seine irdische Laufbahn in einem kommenden Zeitalter wartet.

Vom Bodhisattva zum Buddha Einschließlich der sechs Vollkommenheiten durchläuft ein Bodhisattva »zehn Stufen« (Skt. Daśabhūmi) der Vollendung, von denen jede eine wichtige Etappe auf dem Weg zur Buddhaschaft ist. Bodhisattvas in den höheren Rängen dieser Laufbahn können ungeheuer mächtig sein und über gewaltige übernatürliche Fähigkeiten verfügen. Einige werden als ebenso mächtig eingestuft wie transzendente Buddhas. Überhaupt scheinen die Grenzen zu verschwimmen. Zwei der mächtigsten fortgeschrittenen Bodhisattvas sind Avalokiteśvara (Chenrezi in Tibet, Guanyin in China und Kannon in Japan) und Manjuśri, die Verkörperungen der Mahāyāna-Tugenden »Mitgefühl« (Karunā) und »Weisheit« (Prajñā).

Avalokiteśvara und Manjuśri Avalokiteśvara, als dessen Inkarnation der Dalai Lama gilt, ist das Mitgefühl und wird mit zahlreichen helfend ausgestreckten Armen dargestellt. Elf Häupter hat er, da ihm einst beim Anblick der Leiden der Welt vor Mitgefühl der Kopf zersprang. Als Verkörperung der Weisheit schwingt Manjuśri ein flammendes Schwert, mit dem er das Dunkel der Unwissenheit zerteilt.

Die Mahāyāna-Sūtren

Die neuen Anschauungen werden nun in Lehrpredigten niedergelegt, die sich den Anschein geben, Buddha habe sie bereits zu seinen Lebzeiten verkündet. Als Grund für ihr spätes Auftauchen und ihr Fehlen im Kanon wird angeführt, sie seien von Schlangengeistern verborgen gehalten worden. Die Mahāyāna-Sūtren beginnen wie die Lehrreden im Pāli-Kanon mit einer Beschreibung des Schauplatzes, an dem eine Predigt **Vgl. S. 46 f.** stattgefunden haben soll. Häufig ist es der Geierberg bei Rāja-

Werk

griha, der als Meditations- und Versammlungsplatz im frühen Buddhismus bereits eine große Rolle spielte. Damit erschöpfen sich jedoch in der Regel die Gemeinsamkeiten, denn Buddhas Zuhörerschaft besteht nun nicht nur aus der Mönchsgemeinde und einigen Laienanhängern, sondern aus Scharen von Bodhisattvas und Schlangengeistern, während er selbst zumeist bis in die fernsten Welten leuchtende Strahlen aussendend und von gewaltigen Stūpas umgeben auf einem Lotos thront.

Allein die frühe Mahāyāna-Literatur ist derart umfassend, dass viele ihrer Texte noch kaum von der Forschung berücksichtigt, geschweige denn in eine europäische Sprache übersetzt werden konnten.

Im Folgenden sind fünf der wichtigsten Werke angeführt:

1. Die *Prajñāpāramitā-Sūtren* (»Sūtren der Höchsten Weisheit«) stammen in ihren ältesten Teilen aus dem 1. Jahrhundert v. Chr. Formal vorherrschend ist die überlieferte Form des Dialogs zwischen Buddha und seinen Jüngern, wobei hier ein für die gesamte Mahāyāna-Literatur charakteristischer stark ausschmückender, weitschweifiger Stil dominiert.

»Sūtren der Höchsten Weisheit«

Zu den *Prajñāpāramitā-Sūtren* gehören das *Diamant-Sūtra* und das *Herz-Sūtra*. Zentraler Themenkomplex ist die wichtigste der Vollkommenheiten, nämlich die Weisheit (Prajñā), die in der Erkenntnis der Leere liegt. Das *Herz-Sūtra* ist, wie sein Name schon sagt, ein Herzstück der Mahāyāna-Lehren. In ihm erklärt der Bodhisattva Avalokiteśvara dem Buddha-Jünger Śāriputra in Kurzform, wie sich die buddhistischen Postulate der Nicht-Seelenhaftigkeit und Vergänglichkeit allen Daseins im Begriff der »Leerheit« (Skt. Śūnyatā) verdichten.

»Herz-Sūtra«

Vgl. S. 85 ff.

Diese Werke geben vor, authentische, von Nāgas (»Schlangen«) aufbewahrte Predigten Buddhas zu sein, die diese an den Philosophen Nāgārjuna, der von einigen Forschern als Mitautor gesehen wird, weitergaben.

2. Sozusagen der Klassiker des Mahāyāna-Buddhismus ist das *Lotos-Sūtra* (*Saddharmapundarika* – »Lotos des guten Gesetzes«), das jene geistigen und ethischen Grundlagen beinhaltet, die im Abschnitt über die Glaubenssätze des Mahāyāna

»Lotos-Sūtra«

umrissen wurden. Nach religiöser Anschauung geht es auf eine Lehrrede Buddhas auf dem Geierberg bei Rājagriha zurück, ist jedoch nach wissenschaftlicher Ansicht frühstens im 1. Jahrhundert n. Chr. entstanden. Buddha tritt darin als zeitloser Universal-Buddha auf, dessen Vollkommenheit und (übernatürliche) Fähigkeiten in den glühendsten Farben geschildert sind. Dennoch wird er auch ganz im alten Sinne als Arzt bezeichnet, der die Welt von ihrem Leiden heilt.

Berühmtestes Gleichnis aus dem *Lotos-Sūtra* ist die »Parabel vom brennenden Haus«, in der Buddha mit einem klugen Vater verglichen wird, dessen Kinder in einem brennenden Haus spielen und in ihr Spiel vertieft die Gefahr nicht erkennen. Der Vater sieht sich vor der Aufgabe, sie möglichst rasch ins Freie zu locken. Also ruft er ihnen zu, vor dem Haus liege neues Spielzeug für sie. Die Kinder laufen aufgeregt nach draußen und sind gerettet. Das brennende Haus steht für die vergängliche Welt des Samsāra und die Kinder für die noch unreifen Anhänger, die Buddha mit Hilfe der »Geschicklichkeit der Mittel« (Upāya) aus der unmittelbaren Gefahr errettet, um sie danach ausführlich zu unterweisen.

Wie erwähnt, genießt das *Lotos-Sūtra* überragende Bedeutung in den ostasiatischen Ländern des Mahāyāna-Buddhismus (China, Taiwan, Korea und Japan) und nimmt durch die schlichte Art seiner Gleichnisse großen Einfluss auf die Volksfrömmigkeit. Auch dem Bodhisattva Avalokiteśvara als verehrungswürdigem Nothelfer der Gläubigen ist ein langes Kapitel gewidmet.

»Sūtra des Reinen Landes« 3. Das *Sukhāvatī-Sūtra* (»Sūtra des Reinen Landes Sukhāvatī«), das das Westliche Paradies des Buddha Amitābha beschreibt, stammt aus dem 1. Jahrhundert n. Chr. Ein Mönch namens Dharmākara legte das Gelübde ab, ein herrliches Paradies zu schaffen. Dank seiner Bemühungen wurde Dharmākara zum Buddha Amitābha (jap. Amida) und gebietet über das Westliche Paradies Sukhāvatī, das das Sūtra in den verlockendsten Farben preist. Von besonderer Bedeutung ist es für die japanische »Schule des Reinen Landes«.

»Sūtra von der Herabkunft in Lankā« 4. Das *Lankāvatāra-Sūtra* (»Sūtra von der Herabkunft in Lankā«) ist vermutlich erst im 4./5. Jahrhundert n. Chr. entstanden. Der Dämonenkönig Rāvana (aus dem Rāmayāna bekannt) lädt Buddha nach Lankā ein, wo der Buddha einem Bodhisattva erläutert, wie die Welt sich aus dem Geist aufbaut. Mit der Aussage »Alles ist Geist« werden alle Erscheinungen der Welt zur Illusion erklärt. Das Sūtra wandelt so Nāgārjunas Begriff der Leerheit in einen bestimmbaren Zustand – den der Illusionshaftigkeit – um.

5. Zu erwähnen ist noch das vermutlich auch frühstens im 1. Jahrhundert entstandene *Vimalakīrti-Sūtra*, das in Ostasien (besonders in Japan) neben dem *Lotos-Sūtra* meistgelesene Werk, in dem der Laie Vimalakīrti – ein Kaufmann aus Vaiśālī, wo sich auch der Mangohain der schönen Kurtisane Ambapālī befand – verdutzten Hīnayāna-Mönchen mit viel Witz Belehrungen erteilte. Es ist ein starker Hinweis auf die Bedeutung, die die Laienbewegung im Mahāyāna-Buddhismus erreichte. Vimalakīrti, der eloquente Weltmann, repräsentiert gänzlich andere Werte als die im hīnayānischen Arhat-Ideal angelegten. Zahlreiche Übersetzungen wurden angefertigt, u. a. von Shōtoku Taishi (572-621), dem berühmten japanischen Herrscher.

»Vimalakīrti-Sūtra«

Vgl. S. 52

Buddhistische Philosophie

Innerhalb der verschiedenen Strömungen der Mahāyāna-Literatur ragen als Begründer zweier entscheidender Richtungen die beiden Philosophen Nāgārjuna und Āsanga besonders hervor und nahmen großen Einfluss auf die Entwicklung des Großen Fahrzeugs. Beide sollen Brahmanensöhne gewesen sein. Der Südinder Nāgārjuna gilt als Schöpfer der Mādhyamika-Schule, die den mittleren Weg zwischen Sein und Nichtsein verkündet, während Āsanga und sein Bruder Vasubandhu aus Purushapura in Gandhāra die Yogācāra-Lehre (auch Vijnāndanvāda, »Bewusstseinslehre«, genannt) entwickelten.

Im 2. Jahrhundert n. Chr. betrat Nāgārjuna, der bedeutendste Mahāyāna-Denker und »einer der größten Geister, die Indien hervorgebracht hat« (Nehru 1959, S. 214), die philosophische Bühne. Er studierte an der großen Klosteruniversität Nālandā, die auch Xuanzang später besuchte. Einen Bericht über

Nāgārjuna und die Leere allen Seins

Nāgārjunas Leben liefert eine noch in chinesischer Übersetzung erhaltene ehemalige Sanskrit-Quelle. Ihr zufolge stattete Nāgārjuna, nachdem er mit Leichtigkeit das Studium der Veden gemeistert hatte, mit drei Freunden, die sich wie er »unsichtbar« machen konnten, den Frauengemächern eines Königs heimliche Besuche ab. Als einige der Mädchen schwanger wurden, erregte dies das Misstrauen beim König. Er ließ nun Sand auf den Boden der Frauengemächer streuen, und als sich die Fußspuren der unsichtbaren Jünglinge darauf abzeichneten, schlugen die Wachen mit ihren Schwertern derart wild auf sie ein, dass Nāgārjunas Freunde getötet wurden. Ihm allein gelang es mit knapper Not zu entkommen. Nachdem er so die Leidhaftigkeit des Seins erkannt hatte, wurde er buddhistischer Mönch an der Universität Nālandā, wo er sämtliche buddhistischen Schriften in 90 Tagen meisterte. Diese stellten ihn jedoch nicht völlig zufrieden. Auf der Suche nach dem wahren Dharma durchwanderte er ganz Indien, bis er zur Höhle des Schlangenkönigs Mahānāga (Skt. Nāga, Schlange) gelangte, der dort seit der Zeit Gautama Buddhas dessen geheimes Wissen hütete. In der nepalesischen Hauptstadt Kathmandu heißt es, es gebe hinter dem Stūpa Svayambhunath eine Höhle, von der aus die Schlangen Nāgārjuna durch einen Gang zu einem unterirdischen See geführt und ihm die *Prajñāpāramita-Sūtren* (»Sūtren der Höchsten Weisheit«) übergeben hätten. Der Name des großen Philosophen setzt sich aus Nāga (Schlange) und Arjuna (der Legende nach der Baum, unter dem seine Mutter niederkam) zusammen.

Nāgārjunas Hauptwerk ist das »Lehrbuch der Mittleren Lehre« (*Madhyamikaśāstra*), mit dem er an Buddhas Thesen vom Mittleren Weg und vom bedingten Entstehen anknüpft. Nāgārjuna führt Buddhas Gedanken weiter, dass nichts aus sich selbst heraus oder aus dem Nichts entsteht, und folgert daraus einen Leerzustand zwischen Sein und Nichtsein, der in sich das Potential eines Werdens birgt. Dieses Konzept erinnert an den Nāgārjuna sicher vertrauten rigvedischen Vers X, 129 über den Zustand, der vor der Entstehung der Welt herrschte: »Es war da kein Sein und kein Nichtsein.« Zentraler Begriff in Nāgārjunas Denken ist also der komplexe Terminus der »Leere« (Śūnyatā), in dem sich ausdrückt, dass die Menschen keine unvergängliche Seele (Anātman) und die Dinge keine »Eigennatur« besitzen. Zur Erläuterung dieser Idee führt Nāgārjuna das Gleichnis vom Feuer und vom Brennholz an. Ohne Brennholz hat das Feuer keine Nahrung und kann nicht brennen. Also ist es kein Feuer, es hat höchstens das Potential dazu. Das Brennholz wiederum ist ohne das Feuer nur gewöhnliches Holz. Demnach existieren weder Feuer noch Brennholz unabhängig voneinander. Auf der anderen Seite kann nicht behauptet werden, dass sie überhaupt nicht existierten. Sie befinden sich in einem Zustand der Leere, sind nur Inbegriff der Möglichkeit ihres Zusammenspiels, daher bedingt. Nāgārjunas Konzept der Leerheit stützt sich also auf die Verneinung der beiden Pole Sein und Nichtsein. Weder *ist* das Brennholz (denn es existiert nur in Verbindung mit dem Feuer), noch *ist* es *nicht* (denn zumindest als Holz ist es ja vorhanden). *Alles* auf der Welt ist in seinem Entstehen dieser Abhängigkeit von einer Ursache unterworfen und damit grundsätzlich leer.

Gleichnis vom Feuer und vom Brennholz

Nichts entsteht aus sich selbst,
Aus etwas anderem,
Aus beidem zusammen
Oder ohne Ursache.

(Stephen Batchelor, *Nagarjuna – Verse aus der Mitte*, S. 149)

Wiederholt erklärt Nāgārjuna, dass Śūnyatā – die Leere – auch die Unterschiede zwischen den Dingen aufhebt, woraus sich die Konsequenz ableitet, dass auch Samsāra und Nirvāna im Grunde nichts als Leerheit sind und sich daher nicht voneinander unterscheiden.

Karl Jaspers charakterisiert Nāgārjuna, dessen »Schule der Leerheit« (Śūnyatāvāda) die Entwicklung des Buddhismus in ganz Asien entscheidend bestimmt hat, treffend als Repräsentanten der »äußersten Möglichkeit der Aufhebung der Metaphysik durch Metaphysik selbst« (Jaspers 1988, S. 934).

Die aus Gandhāra stammenden Brüder Āsanga und Vasubandhu (beide 4. Jahrhundert n. Chr.) sollen sich zunächst zum Hīnayāna-Buddhismus bekannt haben und erst später Anhänger des Mahāyāna geworden sein.

Ihre Philosophie wird Yogācāra (»Ausübung von Yoga«) oder Vijñānanvāda (»Bewusstseinslehre«) genannt. Ihr liegt die Anschauung zugrunde, dass die Welt abhängig vom Bewusst-

Yogācāra, die Meditationslehre

sein oder Geist ist. Die Realität der Außenwelt wird geleugnet und alles in ihr als bloßes Produkt unserer Vorstellung gesehen. Wie dies geschieht, erklären die Yogācārin mit dem Konstrukt des »Speicherbewusstseins« (Ālayavijñāna), in dem die Keime aller möglichen Phänomene gespeichert sind, ständig nach außen projiziert werden und somit den Anschein von Wirklichkeit produzieren. Diese irrealen Projektionen als wirklich anzusehen ist Verblendung und Irrtum. Wenn nun alles, was der Mensch als vermeintliche Tatsachen sieht, Trugbilder ohne jeden Erkenntniswert sind, braucht er eine Methode, mit deren Hilfe er die Illusionshaftigkeit seiner Welt durchdringen kann: Yoga. Nach Āsanga kann wahre Erkenntnis nur im Verlauf tiefer, ekstatischer Meditation gewonnen werden. Die Yogācārin gehen davon aus, dass nur durch das meditative Leeren des Bewusstseinsspeichers ein Zustand reinen Geistes, das heißt ein absolutes Bewusstsein, und damit höchste Realität jenseits der Subjekt-Objekt-Dualität erlangt würde. Die Schule Nāgārjunas sah darin jedoch einen Rückfall in die Alleinheitsidee der Brāhman-Ātman-Philosophie. Wichtigstes Werk der Yogācāra-Schule ist das *Yogācārabhūmiśāstra*, das nur noch in Fragmenten auf Sanskrit erhalten ist.

Vgl. S. 14 f.

Natürlich vermag eine solche Kurzdarstellung die hohe Komplexität dieser buddhistischen Ideengebäude nur anzudeuten. Dennoch wird vielleicht deutlich, zu welchen weit reichenden philosophischen Überlegungen die Lehre des Śrāmana Siddhārtha Gautama führte. Vihāra – Klöster – waren bereits zu Buddhas Lebzeiten gebaut worden, aber im Laufe der Jahrhunderte erwuchsen aus einigen von ihnen eindrucksvolle Zentren der Gelehrsamkeit. Ein solcher außergewöhnlicher »brain pool« war die Klosteruniversität von Nālandā, deren Überreste etwa elf Kilometer von Rājagriha, der ersten Hauptstadt des Reiches Māgadha, entfernt liegen. Ihre höchste Blüte erreichte sie im 5. Jahrhundert n. Chr., also in der Gupta-Zeit. Untrennbar mit dem Buddhismus verknüpft waren die Kunst des Debattierens und Disputierens, die Logik und Forschungen auf dem Gebiet der Mathematik und Medizin. Der Indologe Hans Wolfgang Schumann weist in diesem

Nālandā, die große Universität

Indien:
Der Haupttempel
der Universität
Nālandā ist 17 m
hoch und das
Ergebnis von
sechs Baupha-
sen.

Zusammenhang auf das zeitliche Zusammentreffen von Nāgārjunas Philosophie von der Leerheit und der Entdeckung
der Null als mathematischer Größe im 3. Jahrhundert hin
(vgl. Schumann 2000, S. 187). Zu den Lehrern und Studenten
von Nālandā gehörten auch Nāgārjuna, Āsanga, Tilopa und
Nāropa. Laut Xuanzang, der sich dort über ein Jahr in die
Yogācāra-Lehre vertieft haben soll, hatte Nālandā zu seiner
Zeit, also im 7. Jahrhundert, zehntausend Studierende, obwohl jeweils nur zwei von zehn Applikanten zugelassen worden sein sollen. Gesandtschaften aus allen buddhistischen
Ländern brachten großzügige Stiftungsgeschenke. Nālandā
galt als hervorragendste Stätte buddhistischer Gelehrsamkeit,
bis ab dem 11. Jahrhundert zunehmend Schismen und ein Erstarken des Hinduismus den Niedergang herbeiführten, der
in der endgültigen Zerstörung Nālandās durch die muslimische Khalji-Dynastie gipfelte. Umfangreiche Grabungen des
Archaeological Survey of India haben bisher neun Bebau-
ungschichten zutage gefördert.

Vgl. S. 92

Mit der Entstehung des tantrischen Buddhismus, von der im
folgenden Abschnitt die Rede sein wird, trat die um 800 n.
Chr. unweit von Nālandā gegründete Universität Vikramaśīla
in den Vordergrund. An ihr lehrte im 11. Jahrhundert der berühmte Atīśa, der vom Guge-König Yeshe Ö nach Westtibet
eingeladen wurde. Atīśas Wirken, mit dem er eine Art Syn-

these zwischen Nāgārjunas Philosophie der Leere und Āsangas Meditationslehre anstrebte, hat den tibetischen Buddhismus entscheidend geprägt.

Das Tantrayāna (Vajrayāna) und seine Texte

Mit dem Aufkommen des Tantrayāna um das 3. Jahrhundert n. Chr. formierte sich das dritte und letzte Fahrzeug des indischen Buddhismus. Als »Tantra« – »Gewebe« – werden die zugrunde liegenden Schriften bezeichnet, ähnlich wie unser Wort »Text« sich auch vom lateinischen »texere« (»weben«) herleitet. Aufschlussreich ist es, sich in diesem Zusammenhang an die Grundbedeutung des Wortes »Sūtra« als »Faden« zu erinnern. Allein anhand der beiden Wörter für das jeweilige Schrifttum verdeutlicht sich, wie sich die älteren Lehren an der eher geraden Linie eines leitenden »Fadens« orientieren, während das Tantrayāna völlig von der Idee des »Verwobenen« bestimmt ist.

Die tantrischen Schriften sind der Überlieferung nach Buddha-Lehren, die jedoch wegen ihres magischen, esoterischen Charakters geheim geblieben sein sollen. Viele werden auch der Offenbarung durch Bodhisattvas und Buddhas zugeschrieben. Durch ihren magischen Charakter und darin beschriebene mächtige, tiefgründige Meditationstechniken sollen sie den Eingeweihten zu schneller Erkenntnis führen. Ihr Inhalt ist derart esoterisch und verschlüsselt, dass sie ohne die Einführung durch einen Lehrer nicht zu verstehen sind. Damit fällt dem Verhältnis zwischen Guru und Schüler im tantrischen Buddhismus eine entscheidende Rolle zu. Um das geheime Wissen nicht über den Kreis der Eingeweihten hinausgelangen zu lassen, existiert eine »Schattensprache« mit kryptischem Vokabular.

Als ältestes buddhistisches Tantra gilt das *Guhyasamāja-Tantra* (»Tantra der geheimen Vereinigung«; vgl. Sanskritwurzel *guh*, »geheimhalten«). Im tantrischen Buddhismus werden den männlichen Gottheiten, die hier das »geschickte Mittel« (Upāya) verkörpern, weibliche zugeordnet, die ihrerseits den jeweiligen vervollkommnenden Weisheitsaspekt (Prajñā) repräsentieren. Durch ihre sexuelle Vereinigung (tib. Yab-Yum,

Yab-Yum – männliches und weibliches Prinzip

»Vater-Mutter«) wird die Dualität der beiden Eigenschaften Mittel und Weisheit aufgehoben.

Seine philosophische Basis verdankt der tantrische Buddhismus in großen Teilen den Mahāyāna-Schulen, deren Schriften er auch voll anerkennt. Grundlagen des Tantrayāna sind bereits in der Yogācāra-Meditationslehre von Āsanga und Vasubandhu zu finden.

Der zweite Komplex, dem der tantrische Buddhismus verpflichtet ist, geht auf weit ältere, archaische Wurzeln zurück, nämlich vorarische Mutterkulte, die ebenfalls eine enge Verbindung mit dem Hinduismus eingingen und in der Verehrung der Großen Göttin (Kālī, Durga etc.), dem Śaktismus (Skt. Śaktī, »weibliche Energie«), mündeten. An zwei Aspekten des hinduistischen Gottes Śiva veranschaulicht sich der bipolare Charakter des Tantrismus besonders plastisch. Einerseits ist Śiva in seiner Gestalt als Asket der Prototyp des Yogi, auf der anderen Seite ist er pars pro toto als Phallus (Śivalinga) und Gefährte der Śaktī Symbol für Fruchtbarkeit und erotische Vereinigung. Diese beiden scheinbar gegensätzlichen Aufgaben ein und derselben Gottheit illustrieren die für den Tantrismus charakteristische Verknüpfung von Mystizismus und Erotik. Im Buddhismus, der traditionell kein erotisches Element und keine mystische Tradition einschließt, führten diese Einflüsse zu weit reichenden Sonderentwicklungen. Hierzu gehört auch, dass der tantrische Buddhismus zahlreiche – besonders weibliche – Gottheiten inkorporierte. Aus den Tränen des Bodhisattvas Avalokiteśvara entstanden ist beispielsweise die im tibetischen Buddhismus sehr verehrte Tārā. Sie besitzt über 20 Erscheinungsformen (grün, weiß, friedvoll, zornig etc.) und repräsentiert den weiblichen Aspekt des Mitgefühls.

Vgl. S. 82

Auch wenn im tantrischen Buddhismus nach wie vor die Buddhaschaft angestrebt wird, so spielt doch das Erlangen magischer, übernatürlicher Fähigkeiten (Skt. Siddhi, wörtl. »Vollendung«) eine große Rolle. An die Stelle der Idealgestalt des Arhat oder Bodhisattva tritt der Siddha als Beherrscher magischer Rituale und übersinnlicher Fähigkeiten. Es gibt 84 indische Mahāsiddha – »Vollendete« – (unter ihnen drei

Vgl. S. 66 f.

84 Mahāsiddha

weibliche), die im Zusammenhang mit der Entstehung wichtiger Tantra-Texte gesehen werden. Ihre wie Zauberkräfte anmutenden, durch Meditation erworbenen Fähigkeiten, z. B. ihre Körpertemperatur zu erhöhen, zu fliegen, Wasser aufwärts fließen zu lassen oder feste Materie zu durchschreiten, symbolisieren ihre Beherrschung der vier Elemente. Berühmte Mahāsiddhas sind Tilopa, ein Lehrer der Klosteruniversität Nālandā, und sein Schüler Nāropa.

Nach Schwerpunkten ließe sich das Tantrayāna in drei einander jedoch in vielen Punkten überschneidende Erleuchtungsfahrzeuge gliedern:

1. Als Mantrayāna (»Fahrzeug der Mantras«) wird die erste Phase des indischen tantrischen Buddhismus (vgl. Conze 2005, S. 86) bezeichnet, in der eine magische Anrufung der Gottheit mittels mystischer Sätze (Mantra), Keimsilben (Bīja), magischer Formeln (Dharānī) oder kodifizierter Handhaltungen (Mudrā) im Vordergrund steht, die als stark komprimierte Meditationshilfe zur Erleuchtung führen sollen. Berühmtestes Mantra ist zweifellos das des Avalokiteśvara *Om mani padme hum*, wörtlich »Om – Juwel (mani) in der Lotosblüte (padma)«.

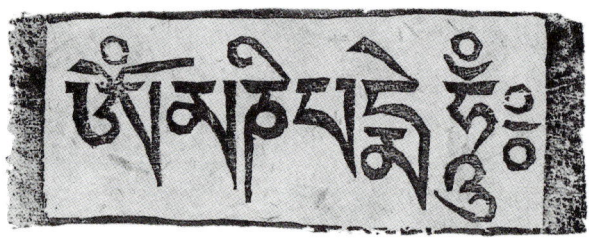

Om mani padme hum – wichtigstes, dem Avalokiśvara geweihtes Mantra für die tibetischen Buddhisten.

2. Nach seinem Symbol, dem Vajra (»Diamant«, »Donnerkeil«, »Diamantzepter«), das auf die diamantgleiche reine, unzerstörbare Buddha-Natur weist, wird diese synkretistische Form des Buddhismus Vajrayāna (»Diamantfahrzeug«) genannt. In ihm tritt nach 750 n. Chr. eine Vereinheitlichung ein, in deren Zentrum die fünf Meditationsbuddhas stehen:

Vgl. S. 81

Werk

Vairocana, Akshobhya, Ratnasambhava, Amithāba und Amogasiddhi. Jedem von ihnen ist eine Vielzahl von Analogien (Farben, Himmelsrichtungen, Edelsteine, Metalle, Pflanzen, Gestirne etc.), Attributen sowie Bodhisattvas zugeordnet. Heute bezeichnet das Vajrayāna die weit verzweigte, mit kaum überschaubarer Symbolik und zahllosen Ritualen angereicherte tibetische Form des Buddhismus. Eine weitere sehr lebendige Form des Vajrayāna repräsentiert die japanische Shingon-Schule.

Vgl. S. 103

3. Merkmal des im 10. Jahrhundert entstandenen, synkretistischen Kālacakrayāna (»Rad-der-Zeit-Fahrzeug«) ist die starke Betonung astrologischer und kosmischer Aspekte. Das *Kālacakra* ist ein Tantra mit einem hochkomplexen Meditationssystem. Es illustriert drei »Zeitzyklen«: einen »äußeren«, der in Zusammenhang mit der Entstehung und dem Aufbau der physischen Welt steht; analog dazu gibt es einen »inneren« in Beziehung zu den Bereichen des Geistes; der dritte Zyklus dagegen ist einem »Anderen« oder »Alternativen« gewidmet, womit bestimmte durch Meditation visualisierte Gottheiten gemeint sind. Die inneren und äußeren Kreisläufe und mit ihnen die Wiedergeburt werden von den »Winden des Karmas« angetrieben, die uns bereits als die Impulse von Gier, Hass und Unwissenheit begegnet sind. Die Zeit, wie die Rad-Metapher veranschaulicht, hat keinen Anfang und kein Ende. Alles entsteht und vergeht aufs Neue. Ziel der Kālacakra-Initiationen ist die Befreiung aus diesen Kreisläufen. Die in letzter Zeit häufiger vom Dalai Lama zelebrierten Initiationen sind große Ereignisse für die tibetischen Buddhisten in aller Welt.

Sri Lanka: Eine Buddhistin erweist dem Bodhibaum des Kelani-Tempels bei Colombo ihre Verehrung, indem sie ihm Wasser gibt.

Wirkung

Der Buddhismus verlässt Indien

In diesem Teil werden einige der zahllosen Wege und Wand-
lungen des Buddhismus außerhalb seines Entstehungslandes
Indien nachvollzogen. Besonders vielfältig und oft abenteuerlich ist die Geschichte der Verbreitung des Mahāyāna-Buddhismus über weite Teile des nördlichen und östlichen Asiens.
Der Werdegang des Hīnayāna, dessen Anhänger sich schon
früh der ursprünglichen und kanonischen Lehre verschrieben
hatten und das sich in dieser Form mehr oder weniger ortho-
dox in Sri Lanka erhalten hat, ist weniger verwirrend. Daher
soll hier auch ein kürzerer Blick auf die Länder des »Kleinen
Fahrzeugs« genügen. Heute sind etwa 62 Prozent der Buddhisten Anhänger des Mahāyāna (davon gehören ca. 6 Prozent
zum tibetischen Vajrayāna), während sich die übrigen 38 Prozent zu einer Form des Hīnayāna bekennen.

Vgl. Karten
2 und 3,
S. 146 f.

Die Länder des »Kleinen Fahrzeugs« (Hīnayāna): Sri Lanka – Myanmar – Thailand – Kambodscha – Laos – Indonesien

Der Überlieferung gemäß war es Kaiser Aśokas Sohn Mahinda (Skt. Mahindra), der im 3. Jahrhundert v. Chr. die buddhistische Lehre nach Lankā brachte und auf dem Berg Mi-
hintale verkündete. Einige Zeit später traf Mahindas Schwester Sanghamitta mit einem Ableger des heiligen Bodhi-Baums
ein, der in Anuradhapura, der damaligen Hauptstadt, gepflanzt wurde, wo er noch heute verehrt wird.

Sri Lanka

Ab dem 6. Jahrhundert entwickelte sich der Hīnayāna-Buddhismus durch die Volksgruppe der Mon, die das Reich Pegu
auf dem Gebiet des heutigen Südmyanmar und Thailand
schufen, zu einer bedeutenden Größe. Einer Theorie über die
Herkunft der Mon zufolge sind sie Nachfahren der indischen
Kalinga. Seine Hochblüte erreichte der Buddhismus jedoch
erst durch die Bekehrung des Königs Anawratha von Pagan
(1044-1077), der daraufhin umstandslos und sehr unbud-
dhistisch einen benachbarten Mon-König seiner Reliquien,
Schriften, Mönche und Handwerker beraubte. Bis Pagan 1287

Myanmar

Vgl. S. 72, 74 f.

von den Mongolen unter Kublai Khan zerstört wurde, gab es
dort eine buddhistische Kultur, von deren Glanz noch heute
»ein Wald aus Stein« von Tausenden von Stūpas und Tempeln
zeugt. Danach wurde der Buddhismus noch mehrmals mit
Hilfe von Mönchen aus Lankā reformiert, worauf sich im 15.
Jahrhundert der Hīnayāna-Buddhismus endgültig als Hauptrichtung durchsetzte. 1871 ließ König Mindon den Pāli-Kanon in 729 Marmortafeln einmeißeln und in der damaligen
Hauptstadt Mandalay aufstellen. Ab 1885 war das damalige
Burma britische Kronkolonie. Am Kampf um die Unabhängigkeit, die das Land 1948 zurückerhielt, waren viele Mönche
beteiligt. In dieser Zeit entwickelte sich die starke Verbindung
von Nationalismus und Buddhismus, von der auch das heutige sozialistische Myanmar geprägt ist. Es gilt die Devise: »To
be a Burman is to be a Buddhist.«
Größte Verehrung genießt heute die vergoldete Shwedagon-
Pagode in Yangon (Rangun), die der Überlieferung zufolge
ein Haar Buddhas enthält.

Thailand Traditionell schreibt man in Thailand die erste Berührung mit
dem Buddhismus der Missionsarbeit Aśokas zu. Frühstes be-
legtes Zeugnis einer buddhistischen Kultur gibt jedoch erst
das Reich Dvāravatī im 6. Jahrhundert. Vom 9. bis zum 13.
Jahrhundert geriet das Land unter die Herrschaft der Khmer,
die hinduistische und mahāyānische Einflüsse brachten. Da
die Volksgruppe der Thai aus Südchina stammt, wird angenommen, dass die frühste Begegnung mit dem Buddhismus
dort stattgefunden hat. Erst nachdem die Thai im 14. Jahrhundert die Khmer besiegt hatten, förderten sie den Hīnayāna-Buddhismus und luden Mönche aus Lankā ein.
Heute ist der Buddhismus in Thailand Staatsreligion, und es
ist Teil der nationalen Erziehung, dass jedes männliche Kind
ein bis drei Jahre in einem buddhistischen Kloster verbringt.
Der thailändische Monarch muss sich zum buddhistischen
Glauben bekennen.

Kambodscha Die hinduistisch-buddhistische Khmer-Kultur erreichte im 9.
Jahrhundert mit den weltberühmten Tempeln von Angkor in
Kambodscha ihren künstlerischen Höhepunkt. Im Zentrum
Vgl. S. 109, 128 f. der Anlage steht in Stein gemeißelt der mythische Weltenberg

Meru. Mauern und Terrassen mit Skulpturen von höchster künstlerischer Qualität, die den synkretistischen Charakter der Khmer-Kultur bezeugen, umgeben ihn. Durch den Einfluss der Thai ab dem 14. Jahrhundert erstarkte der Hīnayāna-Buddhismus und bis zur Machtübernahme durch die Roten Khmer 1975 bekannten sich fast 90 Prozent der Bevölkerung zu ihm. Unter dem Diktator Pol Pot wurden etwa 50000 Mönche als Zwangsarbeiter aufs Land geschickt und die Anhänger des Buddhismus verfolgt. Heute soll es wieder etwa 40000 buddhistische Mönche in Kambodscha geben.

Vermutlich waren es auch die Khmer, die den Buddhismus **Laos** nach Laos brachten. Laos war jedoch später lange Zeit thailändische Provinz, weshalb sich auch hier der Hīnayāna-Buddhismus als Hauptrichtung durchsetzte und erhalten hat. Nach der kommunistischen Revolution 1975 verließen zahlreiche Mönche das Land, später gestattete die regierende kommunistische Partei Pathet Lao freie Religionsausübung, und buddhistische Tempel und Mönche gehören heute zum Alltagsbild von Laos.

Nach Indonesien, wo er eine große Blütezeit erlebte, gelangte **Indonesien** der Buddhismus wohl durch indische Einflüsse im 5. Jahrhundert, bis er im 15. Jahrhundert durch die Ankunft des Islams verdrängt wurde. Großartigstes buddhistisches Zeugnis ist die Anlage von Borobodur auf der Insel Java, die Mitte des 9. Jahrhunderts entstand und ein großes kosmisches Mandala aus Stein mit dem Weltenberg Meru im Mittelpunkt repräsentiert. Die Mischform eines buddhistisch-hinduistischen Tantrismus hat sich bis heute auf der Insel Bali bewahrt.

Wege des »Großen Fahrzeugs« (Mahāyāna)
Die Seidenstraße

Wie die beiden chinesischen Pilger Faxian und Xuanzang bewegte sich auch der Buddhismus entlang der Seidenstraße fort. Buddhistische Reisende – Kaufleute, Mönche, Missionare, Hirten, Beamte – aus Baktrien, aus dem Kushān-Reich und vielleicht sogar aus der Gangesebene transportierten die Lehre auf diesem Weg.

Vgl. Karte 4, S. 148

Zwischen Kashgar und Dunhuang verzweigte sich die Seidenstraße, wobei der nördliche Teil durch Kucha und Turfan führte, während die Reisenden auf der südlichen Route durch Yarkand, Khotan und andere Orte kamen. Zwischen den beiden Strecken breitet sich das Tarim-Becken aus. In Dunhuang trafen beide Routen wieder zusammen.

1888 wurde in der Gegend von Kucha ein junger Schotte von einem schurkischen Afghanen gemeuchelt. Während der auf diesen Vorfall folgenden Strafexpedition erwarb der englische Leutnant Hamilton Bower in Kucha ein Sanskrit-Manuskript **Erste Funde** in Brāhmī-Schrift auf Birkenrinde, das aus dem 4./5. Jahrhundert n. Chr. stammte. Dieses »Bower-Manuskript« markierte den Anfang sensationeller archäologischer Funde. Es lenkte die Aufmerksamkeit der Gelehrten auf die ehemalige Seidenstraße und schon bald gab der Wüstensand eine ungeahnte Fülle von Manuskripten in verschiedenen Sprachen (Sanskrit, indische Dialekte, Tocharisch etc.) frei. Auch Sven Hedin, der schwedische Asienforscher, gehörte zu den Entdeckern der Ruinenstädte an der Seidenstraße. Nachdem die Nachricht von den Funden die übrige Welt erreicht hatte, strömten die Archäologen aus Europa und Japan in hellen Scharen herbei, um die unter dem Sand der Wüste Taklamakan begrabenen Orte an der Seidenstraße freizuschaufeln.

Besonders berühmt und fast berüchtigt für seine spektakulären Entdeckungen in Dunhuang ist der aus Ungarn gebürtige Orientalist Aurel Stein. Von einem chinesischen Mönch, der die dortige »vermauerte Bibliothek« hütete, konnte er zahlreiche Manuskripte und Bildwerke erwerben, die auf diesem Wege nach Indien und später ins Britische Museum in London gelangten. Stein war eng bekannt mit Rudyard Kiplings Vater, der zu dieser Zeit Leiter des archäologischen Museums **Vgl. S. 9** von Lahore war und Stein zur Finanzierung einer Seidenstraßenexpedition verhalf. Ein Teil der Kunstschätze im Berliner Museum für Indische Kunst sind der ersten deutschen Turfan-Expedition des Indologen Albert Grünwedel zu verdanken, der durch seine vorzüglichen Zeichnungen und Beschreibungen heute bereits verlorene Höhlenfresken dokumentiert hat.

Aufgrund seiner Lage am Schnittpunkt der beiden Seidenstraßenzweige machten alle buddhistischen Pilgermönche auf ihrer Wanderung von China nach Indien in Dunhuang Station. Faxian berichtet, dass er und seine Begleiter sich über einen Monat in den sich »80 Li von Ost nach West« und »40 Li von Nord« (40 x 20 km) ausdehnenden Mauern von Dunhuang aufgehalten hätten. In dieser Zeit habe der Präfekt von Dunhuang sie mit Verpflegung für die Durchquerung des »fließenden Sandes« ausgestattet, worauf sie sich der Entourage eines Beamten angeschlossen hätten (vgl. Beal 1957, Bd. 1, S. 11). Die umfangreichen Funde buddhistischer (sowie auch daoistischer, konfuzianischer, manichäischer und nestorianischer) Manuskripte in den Sprachen Sanskrit, Chinesisch, Khotanesisch, Tocharisch, Uigurisch, Tibetisch und Tangutisch bezeugen, dass die Oasenstadt Dunhuang vom 4. bis 10. Jahrhundert auch Übersetzerzentrum war.

Dun-huang

China und der Traum eines Kaisers

Unbekannt ist, wann genau der Buddhismus nach China gelangte. Der Legende nach geschah es, nachdem der Han-Kaiser Mingdi 67 n. Chr. im Traum eine etwa fünf Meter hohe, geheimnisvolle goldene Statue über seinem Palast schweben sah. Seine Traumdeuter teilten ihm mit, dass ihm der leuchtende Buddha aus Indien erschienen sei. Sogleich entsandte der Kaiser Boten gen Westen, die ihm Kunde von Buddha bringen sollten. Die Boten trafen auf ihrer Reise zwei indische Mönche, die weiße Pferde, ein Bild des Buddha und ein Sūtra mit 24 Abschnitten, die den Kern der Lehre beinhalteten, mit sich führten. Die beiden Mönche – Kasyapamatanga und Dharmaratna – erklärten sich bereit, mit in die chinesische Hauptstadt Luoyang zu ziehen, wo ihnen der Kaiser einen Tempel an der Stelle baute, an der sich heute der Tempel des Weißen Pferdes (Baima Si, aus der Ming-Zeit 1368-1644) befindet, in dem die Gräber der beiden Mönche und zwei Pferdestatuen zu besichtigen sind.

Prosaischer ist die Version, nach der der Buddhismus ganz allmählich durch Händler, Gesandtschaften und Mönche aus Zentralasien über die Seidenstraße »einsickerte« und zunächst nur von den ausländischen Gemeinden in Luoyang und anderen Städten praktiziert wurde. Etwa dreihundert Jahre mussten vergehen, bis sich die Han-Chinesen mit ihren ausgeprägten eigenen Traditionen wie dem Daoismus und besonders

dem Konfuzianismus, der überdies mit seiner starken Betonung von Familie und Ahnenkult in extremem Widerspruch zum zölibatären Mönchstum stand, dem Buddhismus öffneten. Nachdem jedoch ein Anfang gemacht war, traten zur Tang-Zeit (618-907) derart viele Menschen in buddhistische Klöster ein, dass infolge der gravierenden sozialen Auswirkungen Hunderttausende zu einer Rückkehr in den Laienstand gezwungen wurden. Im 9. Jahrhundert gipfelte diese Entwicklung in einer Enteignung der durch Schenkungen immens reich gewordenen Klöster und einer Buddhistenverfolgung. Doch auch

China: Zentrale Buddha-Figur der Longmen-Grotten bei Luoyang, ca. 6./7. Jahrhundert n. Chr.

in seiner erfolgreichsten Zeit war der Buddhismus niemals einziges Bekenntnis in China, sondern musste sich das Terrain stets mit dem Konfuzianismus, dem Daoismus und verschiedenen Arten von Volksglauben teilen. Im Laufe dieser Koexistenz absorbierte der Buddhismus Inhalte, die ihn zutiefst verwandelten und aus denen auch die heute im japanischen Zen fortlebende Form des Chan-Buddhismus entstand.

Chan-Buddhismus

Er entwickelte sich im 6. Jahrhundert unter dem Einfluss daoistischer Ideen. (Einen Überblick über die Verschmelzung daoistischer und buddhistischer Termini gibt Conze 2005, S. 79 f.) Chinesisch »Chan«, japanisch »Zen« sowie koreanisch »Son« gehen zurück auf das Sanskritwort »Dhyāna«, das sich mit »Meditation« oder »Versenkung« übersetzen lässt. Im Dhyāna-Buddhismus führt also der Weg zum Erwachen in erster Linie über die Meditation, wie der historische Buddha sie unter dem Bodhi-Baum ›vorexerziert‹ hatte. Die Anhänger sehen den Ursprung ihrer Schulrichtung in einer legendären Versammlung auf dem Geierberg. Statt den dort versammelten Jüngern und Laien den Dharma in Form einer seiner üblichen Lehrreden vorzutragen, soll Buddha bei dieser besonderen Gelegenheit schweigend eine Lotosblüte in die Höhe gehalten haben. Ein wenig ratlos und beklommen starrten

seine Zuhörer die Blume an. Allein Buddhas ältester und er-
fahrenster Jünger Mahākāśyapa lächelte, da er in der überra-
schenden Geste seines Meisters intuitiv die Essenz der Lehre
erkannt und Erleuchtung erlangt hatte. Darauf
überreichte Buddha ihm seine Robe und seine Bet-
telschale und machte Mahākāśyapa zum 1. Patriarchen.

Als Überbringer des Dhyāna-Buddhismus gilt der
Südinder Bodhidharma (chin. Bu-di-da-mo; jap.
Daruma), der als 28. Patriarch der indischen Linie
nach Mahākāśyapa um 520 nach China gekommen
sein soll. Zugleich ist er der 1. Patriarch des chinesischen Chan- bzw. japanischen Zen-Buddhismus.
Beiden Traditionen gilt das Kloster Shaolin, in dem
Bodhidharma sich niederließ, als Ursprungsort ihrer Lehre. Im Westen bekannter ist Shaolin durch
die Kungfu-Schule, die Bodhidharma dort gegründet haben soll. Neun Jahre lang soll der Inder mit
offenen Augen vor einer nackten Wand meditiert
haben. Als ihm immer wieder die Augen zufielen,
trennte sich Bodhidharma kurzerhand die Lider ab.

**Bodhidharma
brachte den
Chan-Buddhis-
mus nach China.
Japanisches
Tuschebild.**

Wo sie zu Boden fielen, wuchs ein Teestrauch, dessen Blätter,
aufgebrüht zu einem Getränk, den Meditierenden erfrisch-
ten. In der chinesischen und japanischen Chan-/Zen-Malerei
wird Bodhidharma stets mit großen, weit aufgerissenen Augen abgebildet.

Ein typischer Wesenszug des Chan ist die Ablehnung verbaler
bzw. schriftlicher Darlegung von Lehrinhalten, wie sie sich
schon in seiner Ursprungslegende manifestiert. Hier zeigt sich
der Einfluss des chinesischen philosophischen Daoismus, der
ein entschieden anti-intellektuelles Moment hat. Was nach
der Vorstellung der Chan-Anhänger übermittelt werden sollte, und das möglichst radikal und ohne Umwege, war die
Buddhaschaft, also das Erwachen. Als der Schöpfer der chinesischen Ausprägung des indischen Dhyāna-Buddhismus gilt
Huineng (638-713), der 6. Patriarch. Huineng war ein armer
Holzfäller, der eines Tages zufällig eine Rezitation des *Diamant-Sūtra* mit anhörte und davon so gefesselt war, dass er im

**Huineng,
Schöpfer
des Chan**

Kloster des 5. Patriarchen Huizhong (Hui-jeng) Aufnahme suchte und dort Küchenjunge wurde. Als für Abt Huizhong der Tag kam, einen Nachfolger zu bestimmen, erklärte er, er werde sein Amt an denjenigen weitergeben, dem es gelänge, das Gedicht mit der profundesten Einsicht in die Lehre zu verfassen. Sein begabtester Schüler verglich in seinem Gedicht den Geist des Menschen mit einem Spiegel, den man stets putzen müsse, damit er klar bliebe. Huineng bemerkte darauf nur trocken: »Wenn alles Leere ist von Anbeginn/wo heftete sich Staub denn hin?« (zit. n. Diener 1996, S. 92) Nun hatte Huineng durch seine unabhängige, unorthodoxe Art zu denken, die ein wesentlicher Zug des Chan-/Zen-Buddhismus ist, gesiegt.

> Einst fragte ein Mönch den Zenmeister: »Was ist Zen? Bitte unterweise mich.« Dieser erwiderte: »Hast du schon gefrühstückt?« »Ja, Meister«, antwortete der Mönch. »Dann«, sagte der Meister zu ihm, »spüle deine Schale.« (Nacherzählt von U.G.)

Vietnam

Der Norden des Landes geriet im 2. Jahrhundert v. Chr. für etwa ein Jahrtausend unter chinesische Herrschaft und damit unter den Einfluss des chinesischen Mahāyāna-Buddhismus. Doch erst nach der Befreiung des Landes ab dem 10. Jahrhundert erlebte er eine Blütezeit. Dominierende Richtungen sind der Chan-Buddhismus und die »Schule des Reinen Landes«. Der Süden Vietnams blieb bis ins 17. Jahrhundert kambodschanisches Herrschaftsgebiet und eine Enklave des Hīnayāna. In der jüngeren Geschichte führten öffentliche Selbstverbrennungen buddhistischer Mönche zum Putsch gegen das katholische Diem-Regime. Seit Gründung der Sozialistischen Republik Vietnam im Jahre 1976 ist der Buddhismus zahlreichen Einschränkungen unterworfen. Berühmtester der im Westen lebenden vietnamesischen Buddhisten ist der

Vgl. S. 131 f. Mönch Thich Nhat Hanh.

Korea

Als im 4. Jahrhundert n. Chr. der Buddhismus von China auf die koreanische Halbinsel gelangte, gab es dort drei Reiche: Koguryo, Paekche und Silla. Zuerst erreichte er im Jahre 372 das auf dem Staatsgebiet des heutigen Nordkorea liegende Koguryo. Den dort herrschenden schamanistischen Volksglauben und seine magischen Praktiken konnte er allerdings bis heute nicht verdrängen. Im 7. Jahrhundert erlangte Silla die Herrschaft über die anderen Reiche und der Buddhismus erlebte bis in die folgende Koryo-Zeit (918-1392) hinein als Staatsreligion seine Glanzzeit. Auch die koreanische buddhistische Kunst erreichte mit dem Buddha von Sokkuram im 8. Jahrhundert ihren Höhepunkt. Neben anderen Schulen entwickelte sich die koreanische Variante des Chan, der Son-Buddhismus.

Shingon, Zen und Samurai in Japan

Von Korea gelangte der Buddhismus im 6. Jahrhundert nach Japan, wo seine Einführung als Staatsreligion dem Regenten der Kaiserin Suiko, Shōtoku Taishi (574-622), zugeschrieben wird. In der Heian-Zeit (794-1185) kamen die beiden Schulrichtungen Shingon (»Wahres Wort«) und Tendai (»Himmelsplateau«) aus China nach Japan.

Die Shingon-Schule, die ihr Zentrum auf dem Berg Kōya auf der Halbinsel Kii südlich von Kyōto hat, ist ein Zweig des tantrischen Buddhismus, des Vajrayāna. In ihr wird der historische Buddha als materielle Projektion des absoluten Buddha-Körpers begriffen, wie ihn der transzendente Ādi-Buddha Vairocana (jap. Dainichi) verkörpert. Ihrem Gründer Kōbō Daishi (oder Kūkai; 774-835) werden viele kulturelle Errungenschaften (wie z. B. die Entwicklung der japanischen Silbenschrift Hiragana) zugeschrieben. Die Wallfahrt zu den 88 Tempeln, die er auf seiner Heimatinsel Shikoku begründet haben soll, erfreut sich heutzutage – wie der Jakobsweg in Europa – wieder zunehmender Beliebtheit. Sie umfasst einen Fußmarsch von über tausend Kilometern, und viele Pilger müssen sich damit begnügen, die Strecke auf mehrere Jahresurlaube verteilt abzulaufen.

Vgl. S. 92 f.

Kōbō Daishi

**In Japan lebt die
buddhistische
Pilgertradition
wieder auf.**

Eine extreme Spielart des japanischen Tantrismus war im 15.
Jahrhundert eine aus der Shingon-Schule hervorgegangene
häretische Gruppe, die Tachikawa-ryū. Ihr gesamtes spirituel-
les Gefüge stützte sich auf die Polarität der Geschlechter und
den Glauben an entweder die sexuelle Vereinigung oder den
Tod als Weg zur Erleuchtung. Ihr Name rührt von der Provinz her, in die der Gründer der Schule, Ninkan (gest. 1114),
wegen verschwörerischer Umtriebe verbannt worden war.

Tendai Die während der Heian-Zeit vorherrschende buddhistische
Richtung war die auf dem *Lotos-Sūtra* basierende Tendai-
Schule, die von Saichō (767-822) nach Japan gebracht wurde
und deren Zentrum auf dem Berg Hiei bei Kyōto in Hochzei-
ten über etwa dreitausend Tempel und Klostergebäude ver-
fügte. Die Tendai-Schule war es vor allem, die eine Buddhai-
sierung des einheimischen animistischen Shintoismus auslöste, in dem der japanische Kaiser – der Tennō – als Sohn der
Sonnengöttin oberster Priester ist. Umgekehrt wurden auch
dem Buddhismus viele shintoistische »Kami« (Gottheiten) als
grimmige Wächter über den Dharma einverleibt. Verdrängt
wurde der Shintoismus jedoch nie und bis heute bezeichnet
sich ein Großteil der japanischen Bevölkerung als Anhänger
sowohl des Buddhismus als auch des Shintoismus.

Durch den Mönch Ennin (794-864), der neun Jahre in China
verbrachte, gelangte der Kult des Meditationsbuddhas Amitābha (jap. Amida) nach Japan, wo er sich aber erst später aus-

breitete. Der Buddha Amitābha herrscht über das »Reine Land« Sukhāvatī, auch Westliches Paradies genannt. Die ausdauernde Rezitation der Wunschgewährungsformel »Namu Amida Butsu« (japanisierte Form der Sanskrit-Anrufung »Verehrung sei dem Buddha Amida«) genügt nach dem Glauben der Amidisten, um im »Reinen Land« (jap. Jōdo) wiedergeboren zu werden und damit die Möglichkeit zur Erlösung zu erlangen. In der Kamakura-Zeit (1185-1333), die nach der damaligen Hauptstadt Japans benannt ist, schuf Shinran Shōnin, einer der wichtigen Religionsgründer Japans, die »Wahre Schule des Reinen Landes«, die heute zu den größten buddhistischen Gemeinschaften in Japan gehört und auch in den USA über zahlreiche Mitglieder verfügt.

»Das Reine Land« Vgl. S. 84

Ebenfalls in der Kamakura-Zeit trat mit Nichiren (1222-1282) ein weiterer erfolgreicher Verkünder des Buddhismus auf. Er begann als Novize in einem Amida-Kloster. Später verbrachte er zehn Jahre in einem Tendai-Kloster auf dem Berg Hiei. Da es ihm missfiel, dass die Tendai-Schule so stark mit Ritualen des esoterischen Shingon durchsetzt war, beschloss er, einen eigenen Weg einzuschlagen. Im Mittelpunkt seiner Lehre steht das *Lotos-Sūtra*, dessen Anrufung mit der japanischen Formel »Namu Myōhō renge kyō« (»Verehrung dem Lotos des Guten Gesetzes«) zur Erlösung und Wunscherfüllung führt. 1930 wurde in Japan in Anlehnung an Nichiren die Sōka Gakkai, die »Gesellschaft zur Schaffung von ideellen Werken«, gegründet, die inzwischen eine riesige Anhängerschaft auf der ganzen Welt hat, aber aufgrund ihrer politischen Ambitionen und der Bildung von Seilschaften auch beargwöhnt wird. Einer ihrer bekanntesten Vertreter ist Daisaku Ikeda, Präsident der Sōka Gakkai (auch Nichiren Shōshū) und Autor zahlreicher Bücher über den Buddhismus. 1983 erhielt er den Friedenspreis der Vereinten Nationen. Ein weiterer berühmter Repräsentant der Nichiren-Schule der Neuzeit war Nichidatsu Fujii (1884-1985), der sich während seines über hundertjährigen Lebens sehr für die Wiederbelebung des Buddhismus

Nichiren

Japan: Der Große Amida-Buddha von Kamakura (Daibutsu) ist 11,40 m hoch und wurde 1252 gegossen.

in Indien einsetzte. Der von ihm gegründete Orden Nipponzan Myōhōji ließ dort sowie in Japan und Großbritannien große »Friedensstūpas« (Śānti-Stūpa) errichten.

Zen-Buddhismus

Das im Westen erfolgreichste spirituelle Exportgut aus Japan ist der Zen-Buddhismus, dessen Wurzeln im chinesischen Chan-Buddhismus liegen. 1. Patriarch ist wie erwähnt der legendäre indische Mönch Bodhidharma (jap. Daruma), um den sich auch in Japan viele Legenden ranken. Die beiden heute bestehenden Richtungen des Zen – Rinzai- und Sōtō-Schule – gelangten in der Kamakura-Zeit über Korea nach Japan. Die Philosophie des Zen und ihre Betonung der individuellen Anstrengung auf dem Weg zur Erleuchtung passte zur Situation des aufsteigenden japanischen Kriegeradels der Samurai. Statt sich in weitschweifigen Ritualismus oder gelehrtes Schriftstudium zu verstricken, wies die strenge Form des Zen einen direkteren Erlösungsweg und sprach damit die neue politische Macht der Samurai an, die während der großen Schlachten um die Vorherrschaft im Land stets im Schatten des Todes lebten. Ihnen kam ein religiöses Konzept, das sie nicht nur mit dem allgegenwärtigen Tod in der Schlacht auszusöhnen, sondern diesen sogar spirituell zu überhöhen vermochte, wie gerufen. Zen versetzte den Krieger in die Lage, dem Tod mit Gleichmut ins Auge zu blicken. Zugleich ließ sich das Zen-Prinzip, spontane, energische Handlungsweisen mit dem Geist eines Augenblicks in Einklang zu bringen, ausgezeichnet auf die Kampftechniken der Samurai wie Schwertkampf und Bogenschießen anwenden, wo sich das Schicksal eines Menschen in einem Augenblick verdichten

Heute noch prangend,
morgen schon vom Wind zerstreut,
ist unser Blütenleben.
Wer könnte glauben,
dass sein Duft ewig währte.

(Von Vizeadmiral Ōnishi vor der Aufstellung der ersten Kamikaze-Einheit vorgetragenes Gedicht, zit. n. Ivan Morris, *Samurai oder Von der Würde des Scheiterns*, S. 405)

kann. Zen und Bushidō, der »Weg des Kriegers«, sind eng miteinander verknüpft.

Es waren auch die Zen-Tugenden der Schlichtheit, Strenge und Ruhe, die das Ideal jenes ästhetischen Minimalismus hervorbrachten, wie er sich in den einzigartigen Kunstwerken der japanischen Kalligraphie, Malerei, Dichtung, Keramik sowie in der Kunst der Teezeremonie und des Blumensteckens ausdrückt.

Als Begründer der Rinzai-Schule gilt Eisai (1141-1215), die Einführung der Sōtō-Schule erfolgte durch Dōgen (1200-1253). Schwerpunkt beider Schulen ist Zazen, die Praxis des Sitzens in Meditation. Besonders die Rinzai-Schule bedient sich der Aufgabe von Kōan – paradoxen Fragestellungen nach dem berühmten Muster »Wie klingt das Klatschen einer Hand?«, um den Schüler aus den eingefahrenen Bahnen alltäglichen, logischen Denkens herauszukatapultieren, so dass er im günstigsten Fall abrupt und durch ein eher banales Ereignis Satori – Erleuchtung – erlangt, wie Buddhas Jünger Mahākāśyapa.

Kōan und Zazen

Die Sōtō-Anhänger legen stärkeres Gewicht auf die Meditationspraxis; dennoch sind die Unterschiede zwischen beiden Schulen nicht ausgeprägt.

Im Zen wird der unerleuchtete Geist mit einem schlammigen Teich verglichen. Klares Wasser wird er dann haben, wenn man ihn ruhen lässt und ihn nicht durch Herumrühren weiter aufwühlt. Dies gilt auch für den menschlichen Geist: Er sollte nicht durch das Studium von Lehrsätzen beunruhigt werden. Die Zen-Meditation ist durch die Dhyānī-Mudrā gekennzeichnet, bei der der linke Handrücken locker auf der rechten Handfläche ruht. Zwei herausragende und schillernde Gestalten der Rinzai-Schule sind der Poet und Frauenheld Ikkyu Sōjun (1394-1481), der als Meister »Verrückte Wolke« für seinen Witz und seinen unkonventionellen Lebenswandel bekannt ist, und Hakuin Ekaku (1686-1769), der geniale Erneuerer der Rinzai-Linie und Urheber des oben genannten berühmten Kōan.

Der im Westen bekannteste Vertreter und Übermittler der Rinzai-Lehren ist Daisetz Teitarō Suzuki (1870-1966), der durch sein Wirken dem Zen-Buddhismus in den USA und

Europa zum Durchbruch verhalf und ein umfangreiches schriftliches Werk hinterließ. Er befasste sich in der Hauptsache mit den philosophischen Aspekten des Zen, indem er z. B. nicht nur Leerheit postulierte, sondern wie Nāgārjuna auch deren Transzendierung. Nicht zu verwechseln ist er mit Shunryū Suzuki (1905-1971), der in den 1950er Jahren in die Vereinigten Staaten reiste und dort das erste Zenkloster gründete. Besonders berühmt ist er für sein Werk *Zen-Geist, Anfänger-Geist.*

Vgl. S. 85 ff.

Zusammenfassend lassen sich drei Eckpfeiler des modernen Zen-Buddhismus benennen: Zazen (Sitzmeditation), Kōan (paradoxe Frage), Satori (blitzartige Erleuchtung).

Tibet – »Diamantfahrzeug« und der Dalai Lama

Das tantrische »Diamantfahrzeug« gelangte von Indien über China nach Tibet, das als das klassische Land des Vajrayāna gilt. Ähnlich wie in Japan herrschte in Tibet ursprünglich ein animistischer Kult, der besonderen Schamanen, den Bön-po, unterstand. Zwar verdrängte der Buddhismus den alten Bön-Kult weitgehend, absorbierte jedoch zugleich viele seiner Elemente. Dadurch sowie durch die Aufnahme hinduistischer Gottheiten erhielt der tibetische Buddhismus seine charakteristische stark mystische und magische Prägung. Dem hohen Rang und der entscheidenden Position entsprechend, die ein Lama – analog zum indischen Guru – im Tantrismus als Führer auf dem spirituellen Weg zur Erleuchtung einnimmt, wird der tibetische Buddhismus auch als Lamaismus bezeichnet. Als Überbringer des Buddhismus gilt traditionell der Tantriker und Magier Padmasambhava, »der aus dem Lotos Geborene«, der im tibetischen Kulturkreis auch ehrfürchtig Guru Rimpoche (»Kostbarer Lehrer«) genannt wird. Seine Historizität ist nicht erwiesen. Dargestellt wird er mit einer roten Kopfbedeckung und einem schmalen Oberlippenbärtchen. In der rechten Hand hält er den Vajra – das »Diamantszepter« –, in der linken eine Schädelschale und in der Armbeuge den magischen Stab, der sein Erkennungszeichen ist. Da eine seiner Leistungen darin bestand, der buddhistischen Lehre feindlich gesinnte Dämonen zu besiegen, rief ihn der tibeti-

Padmasambhava

sche König Trisong Detsen im 8. Jahrhundert gegen diese zu
Hilfe. Wie in Japan werden die Dämonen nach ihrer Unter-
werfung zu grimmigen Beschützern der Lehre. Zu dieser Zeit
blühte der Buddhismus in Indien bereits seit tausend Jahren
und hatte außer in Lankā auch in China, Korea und Japan fest
Fuß gefasst. Ein Grund für die späte Ankunft des Buddhismus in Tibet, wo er im Laufe der Jahrhunderte das alltägliche Leben völlig durchdrang, war sicher auch die durch die
riesigen Bergketten des Himalaja und des Kun Lun abge-
schlossene Lage des Landes.

Der lamaistischen Geschichte zufolge war König Songtsen
Gampo (ca. 609-649), der Lhasa zur Hauptstadt machte, eine
Inkarnation des Avalokiteśvara (tib. Chenrezi), wie später die
Dalai Lamas. Er hatte zwei Frauen – die Nepalesin Bhrikuti
und die Chinesin Wencheng, die in der Ikonographie als
grüne und weiße Tārā dargestellt werden. Als Mitgift soll
Bhrikuti die kostbare Statue des Jobo Śākyamuni, die im
Sanktuarium des Jokhang, des Haupttempels und National-
heiligtums, in Lhasa verehrt wird, in die Ehe gebracht haben.
Die Tibeter sehen in der goldenen, mit Türkisen und anderen
Edelsteinen besetzten Figur ein Bildnis des historischen Bud-
dha im Alter von zwölf Jahren.

König Songtsen
Gampo

Vgl. S. 91

Heutige Historiker sind sich jedoch darüber einig, dass der
spätere König Trisong Detsen die weitaus wichtigere Rolle bei
der Einführung des Buddhismus gespielt hat. Er war es, der
den indischen Guru Śāntarakshita, einen Lehrer aus Nālāndā,
nach Tibet kommen ließ, wo dieser mit der magischen Hilfe
Padmasambhavas, der die dortigen sich widersetzenden Bön-
Dämonen befriedete, das erste Kloster Samye entsprechend
den Vorstellungen buddhistischer Kosmologie errichtete. In
der Mitte befindet sich der Weltenberg Meru, der nach buddhistischer Vorstellung das Zentrum unseres Weltsystems bildet. Seine irdische Entsprechung ist der in Westtibet gelegene
heiligste Berg der Buddhisten, Kailaś (tib. Kangrinpoche,
6174 m), der alljährlich von Tausenden tibetischer Pilger um-
rundet wird. 779 erklärte Trisong Detsen den Buddhismus
zur Staatsreligion. Von 792 bis 794 fand ein großes Konzil
statt, bei dem chinesische Chan-Anhänger mit Gelehrten aus

Indien in einen Disput gerieten und unterlagen. Der indische Einfluss behielt die Oberhand in Tibet.

Das Reich Guge Große Bedeutung erlangte im 10. Jahrhundert das Reich Guge im äußersten Westen Tibets mit der Stadt Tsaparang und der Klosteranlage Tholing. Guge lag zwar in weiter Entfernung zur Hauptstadt Lhasa, doch profitierte man hier von der Nähe zu Indien und Kaschmir. Ein großer Lehrer und Lotsawa (tib. Bezeichnung für die hochverehrten Übersetzer heiliger Schriften) war Rinchen Zangpo, den König Yeshe Ö (947-1024) zum Sanskrit-Studium nach Indien schickte. Der einflussreichste indische Lehrer war der Bengale Atiśa. Er kam von der auf tantrische Inhalte spezialisierten Klosteruniversität Vikramaśila nach Tibet, wo er bis zu seinem Tod blieb. Sein Grab-Stūpa befindet sich im kleinen Kloster Nyethang unweit von Lhasa. Ein anderer großer Übersetzer ist Marpa (1012-1098), ein Schüler des Nāropa und Lehrer des auch im

Milarepa Westen populären Milarepa, der den Idealtyp des tibetischen Yogi verkörpert und bis heute eine der beliebtesten historischen Persönlichkeiten Tibets ist. Milarepa (1052-1135) begann seine Laufbahn als Schüler der schwarzen Magie, um sich an jenen rächen zu können, die seiner verwitweten Mutter grausames Unrecht angetan hatten. Später erkannte er diesen Weg als falsch und wurde Marpas Schüler, der Milarepa mit allerlei schweren Aufgaben unbarmherzig prüfte, damit er das während seiner Zeit als schwarzer Magier angehäufte schlechte Karma abarbeiten konnte. Milarepa ist der Autor der »Hunderttausend Gesänge«. In der Malerei wird er häufig grün dargestellt, da er sich in der Einsamkeit als Yogi lange von Brennnesseln ernährte. Als Hinweis auf seine poetische Neigung hält er seine rechte Hand ans Ohr.

Kagyüpa Die Kagyü-Schule geht auf Nāropa (956-1040) zurück, den indischen Mahāsiddha aus Nālandā. Ihr Schwerpunkt liegt auf der mystischen Meditationserfahrung der »Sechs Lehren des Nāropa«, die über Marpa an Milarepa weitergegeben wurden. Dabei handelt es sich um meditative Techniken, wie sie bereits in Zusammenhang mit den Mahāsiddha beschrieben wurden. Dem Karma-Kagyü-Zweig der Schule steht der Karmapa vor, dessen Hauptsitz das Kloster Tsurphu etwa 100 Kilometer nordwestlich von Lhasa ist. Der gegenwärtige 17. Karmapa, über dessen Auffindung der Regisseur Clemens Kuby 1998 den Film *Living Buddha* drehte, floh 2000 im Alter von 14 Jahren nach Indien, wo er seither lebt. Die Gründe für seine Flucht sind umstritten, nach offizieller Version wollte er der religiösen Unterdrückung durch die Chinesen entfliehen. Wegen dieses Vorfalls kam es zu Spannungen zwischen China und Indien, das dem Karmapa ein Bleiberecht erteilt hat.

Die Nyingmapa, die »Alten«, wegen der roten Kopfbedeckung der Lamas auch »Schule der Rotmützen« genannt, haben in Padmasambhava ihren Hauptguru. Ein Merkmal der Nyingmapa ist die fast anarchische, wenig organisierte Struktur der Schule. Ihre Lamas sind häufig verheiratet und operieren unabhängig auf lokaler Ebene. **Nyingmapa**

Die Gelugpa, »die Tugendhaften«, denen auch der Dalai Lama angehört, gehen auf den häufig als Reformator bezeichneten Tsongkhapa (1357-1419) zurück. Wegen der typischen gelben Kopfbedeckung wird der Orden auch »Schule der Gelbmützen« genannt. Im Gegensatz zu den Rotmützen- sind die Gelbmützen-Lamas dem Zölibat unterworfen. Die drei größten Klosteranlagen in Tibet – Ganden, Sera und Drepung – sind Gründungen Tsongkhapas. Nach seinem Tod wurde er dem Bestattungsritus für Lamas entsprechend einbalsamiert und in einem Stūpa im Kloster Ganden beigesetzt. (Tibeti- **Gelugpa**

Indien: Der 14. Dalai Lama und der 17. Karmapa gemeinsam in Bodhgayā.

sche Laien dagegen unterliegen der »Luftbestattung«, das
heißt, ihre Körper werden zerteilt und auf einem dafür vorge-
sehenen Totenacker an Geier verfüttert.) Nach der Besetzung
Tibets durch die Volksrepublik China 1950 wurde Ganden
völlig zerstört. Dabei – so die Legende – sollen chinesische
Rotgardisten Tsongkhapas Stūpa aufgebrochen und den Reformator zu ihrem grausigen Entsetzen völlig unversehrt vor-
gefunden haben. Inzwischen ist Ganden nahezu gänzlich wieder aufgebaut.

Anscheinend hatte Tsongkhapa seine Rolle als großer Reformator nicht beabsichtigt. Er verbannte zwar alles aus seiner
Schule, was er als nicht dem Dharma entsprechend erkannte,
orientierte sich jedoch weitgehend an den großen indischen
Vgl. S. 85 ff. Philosophen Nāgārjuna und Āsanga. Eine expressive Technik
der Debatte – z. B. Händeklatschen zur Unterstreichung der
Argumentation –, wie sie vielleicht einstmals in Nālandā ge-
lehrt wurde, wird heute noch in tibetischen Klöstern praktiziert. Schließlich gründeten Tsongkhapas Anhänger eine ei-
Dalai Lama gene Schule, die der Gelbmützen, der auch die Dalai Lamas
entstammen. Das Wort Dalai ist mongolischen Ursprungs
und bedeutet »Ozean«. Zu dieser Namensgebung kam es so:
Im 16. Jahrhundert lebte ein alter Konflikt zwischen zwei Regionen Tibets (Ü, in der Gegend von Lhasa, und Tsang in der
Region um Shigatse) wieder auf, in dessen Verlauf der Gelb-
mützen-Orden den mongolischen Herrscher Altan Khan
(1507-1583) um Unterstützung bat. Der mit dieser Mission be-
traute Abt Sönam Gyatso aus Drepung erklärte dem Khan,
dieser sei eine Wiedergeburt des großen Kublai Khan und er,
der Abt selbst, eine Inkarnation des Lamas, der einst von Kublai zum »Reichslehrer« ernannt worden war. Daraufhin verlieh Altan Khan dem Abt den Titel Dalai Lama – »Lama (dessen Weisheit so groß ist wie) der Ozean«. Später ernannte man
aus Legitimationsgründen postum einen ersten und zweiten
Dalai Lama, so dass der kluge Abt Sönam Gyatso als der dritte
Dalai Lama in die Geschichte einging. Seit der Zeit des als
»Großer Fünfter« (1617-1682) bekannten 5. Dalai Lamas sind
seine Nachfolger die politischen und religiösen Oberhäupter
Tibets. Während der Amtszeit des Großen Fünften entstan-

Tibet: Der Potala in Lhasa war die Winterresidenz der Dalai Lamas.
Benannt ist er nach dem Paradies des Bodhisattvas Avalokiteśvara,
den der Dalai Lama verkörpert.

den weite Teile des Potala in Lhasa, der Winterresidenz der
Dalai Lamas. Das 110 Meter hohe Gebäude soll über tausend
Räume verfügen und ist das Wahrzeichen Tibets.

Tenzin Gyatso, der jetzige 14. Dalai Lama, wurde 1935 in Taks-
ter in Amdo, einer im Osten Tibets gelegenen Provinz, geboren und im Alter von zwei Jahren als die Reinkarnation seines
Vorläufers anerkannt. Die Dalai Lamas gelten als irdische In-
karnationen des Avalokiteśvara (tib. Chenrezi), des Bodhisattvas der Barmherzigkeit.

Im Eisen-Tiger-Jahr 1950 wurde der 14. Dalai Lama angesichts der drohenden Gefahr eines Einmarsches chinesischer
Truppen von der tibetischen Nationalversammlung gedrängt,
die Geschicke des Landes zu übernehmen, obwohl seine religiöse Ausbildung noch nicht abgeschlossen war. Die chinesische Regierung forderte ihn auf, die Annektierung Tibets zu

akzeptieren. 1951 entsandte Mao 25 000 Soldaten in die tibetische Hauptstadt Lhasa. Im Laufe weniger Jahre wuchs der tibetische Widerstand vor allem der Khampa, der traditionell als kriegerisch geltenden Bewohner der Provinz Kham, und es kam immer häufiger zu Auseinandersetzungen mit den Chinesen, die daraufhin Strafaktionen gegen Klöster durchführten, die als Widerstandsnester galten. Als der Dalai Lama Ende 1956 zu den Feierlichkeiten zu Buddhas 2500. Geburtstag nach Indien eingeladen wird, lässt Beijing ihn nur auf Bitten Nehrus ziehen. Nachdem die Lage sich in den folgenden beiden Jahren immer mehr zugespitzt hatte, erhielt der Dalai Lama im März 1959 eine geheimnisvolle Einladung des chinesischen Befehlshabers von Lhasa, die den Tibetern den Verdacht nahe legte, der Dalai Lama solle entführt werden. Als die Einwohner von Lhasa davon erfahren, ziehen sie zu Tausenden zum Norbulingka, dem Sommerpalast des Dalai Lama, um ihn zu beschützen. Ein Angriff der chinesischen Besatzer kann nicht mehr ausgeschlossen werden. Der Dalai Lama verlässt bei Nacht und Nebel, nur von einigen Khampa-Kriegern eskortiert, die Hauptstadt. Nach einem gefährlichen und Kräfte zehrenden Fußmarsch über die Berge erreicht er am 30. März 1959 in Assam indischen Boden. Bald beginnt ein Exodus von Zehntausenden von Tibetern nach Indien. Ab 1960 stellte die indische Regierung unter Nehru den Flüchtlingen den Gebirgsort Dharamsala in Himachal Pradesh zur Verfügung, der inzwischen »Klein-Lhasa« genannt wird. Das spirituelle Zentrum des tibetischen Buddhismus hat sich dorthin verlagert, da der Dalai Lama als Oberhaupt der tibetischen Exilregierung in Dharamsala residiert. Eine Rückkehr nach Tibet ist auf absehbare Zeit nicht vorgesehen. Für seine Bemühungen um einen friedlichen interkulturellen und -religiösen Dialog erhielt er 1989 den Friedensnobelpreis. Der Dalai Lama hat zahlreiche Werke über die tibetische Befreiungsbewegung und den Buddhismus verfasst und   genießt im Westen beinahe sagenhafte Popularität. Er besucht Regierungschefs und tritt immer wieder in Fernsehsendungen auf; der amerikanische Regisseur Martin Scorsese hat sein Leben verfilmt (*Kundun*, USA 1997). Zu seinen Anhängern gehören

Flucht nach Indien

berühmte Filmstars wie Richard Gere, Shirley McLaine, Uma Thurman und Sharon Stone.

In der zur Volksrepublik China gehörenden Autonomen Republik Tibet ist zwar mittlerweile der Wiederaufbau der vor allem während der Kulturrevolution zerstörten großen Klöster fast vollendet, dennoch ist Lhasa auf bestem Wege, eine chinesische Stadt zu werden. Überdies ist durch den Abzug eines überwiegenden Teils der führenden Lamas nach Indien die tibetische religiöse Tradition stark geschwächt und ein nicht geringer Teil der jüngeren in China lebenden Tibeter orientiert sich in ihren Idealen am Vorbild moderner kapitalistischer Demokratien.

Einen weiteren wichtigen Rang innerhalb des Gelug-Ordens nimmt der Panchen Lama ein, der als Inkarnation des Buddhas Amithāba gilt und traditionell im Kloster Tashilünpo in Shigatse residiert. Schon in früheren Zeiten hielt er sich häufig als Repräsentant Tibets am chinesischen Hof in Beijing auf. Der letzte Panchen Lama starb 1989 und die Suche nach seiner Wiederverkörperung hat sich zu einem politischen Kräftemessen zwischen der chinesischen Regierung und der tibetischen Exilregierung entwickelt. Beide Seiten haben Kandidaten ausfindig gemacht, die jedoch wechselseitig nicht akzeptiert werden.

Panchen Lama

Die tibetische Praxis der Reinkarnation, die eigentlich nicht der buddhistischen Vorstellung entspricht, ist in der Tat eine Ausnahme-Entwicklung, die auf die Karma-Kagyü-Schule zurückgeht und von anderen Orden übernommen wurde, wie die Geschichte des Gelbmützen-Abtes, der Altan Khan zur Reinkarnation Kublai Khans erklärte, deutlich macht.

Um einen Tulku – so die tibetische Bezeichnung für einen inkarnierten Lama – zu finden, reisen Mönchsdelegationen durchs Land und nehmen geeignete Jungen in Augenschein, die nach dem Tod eines Lamas geboren wurden. Den kleinen Kandidaten werden u. a. besondere Gegenstände des Verstorbenen vorgelegt. Derjenige, der diese zu erkennen vermag, wird von seiner Familie getrennt und erhält vor seiner Amtseinsetzung eine lange Ausbildung im entsprechenden Stammkloster. Die Auffindung einer Inkarnation ist stets auch ein

Auffindung einer Inkarnation

Politikum, wie die Konflikte um den Karmapa und den Panchen Lama zeigen.

Der Kanon des tibetischen Buddhismus umfasst über dreihundert Bände und ist das Resultat einer immensen Übersetzungsarbeit, bei der alle bekannten Schriften aus dem Sanskrit übersetzt wurden. Er wird in die beiden großen Komplexe *Kangyur* und *Tengyur* unterteilt.

Der *Kangyur* ist die »Übersetzung der Verkündigung des Buddha«. In seinen 92 Bänden sind die Predigten des historischen Buddha festgehalten, die Texte zur Ordensdisziplin (Vinaya) und andere der Verkündigung durch Buddha zugeschriebene Texte.

Der *Tengyur*, die »Übersetzung der Lehre des Buddha«, enthält die gewaltige Textmenge (224 Bände) der ins Tibetische übersetzten indischen Kommentare, zu denen Enzyklopädien über Medizin, Grammatik, Dichtung und Logik gehören.

Darüber hinaus entstand ein umfangreiches originaltibetisches Schrifttum, wie z. B. *Das Tibetanische Totenbuch* (Originaltitel: *Bardö Thödol*, »Befreiung durch Hören im Zwischenzustand«). Es ist der weltweit berühmteste der so genannten *Terma* (tib. Schätze), Schriften, die der Überlieferung der Rotmützen (Nyingmapa) zufolge im 8. Jahrhundert von ihrem Gründer Padmasambhava verfasst und in Höhlen oder alten Buddha-Statuen versteckt wurden, um in späterer Zeit von einer befähigten Person entdeckt zu werden. Hier liegt eine ähnliche »Nachdatierung« vor wie in der Legende über Nāgārjuna.

Das im 14. Jahrhundert »aufgefundene« Totenbuch dient dazu, einem Leichnam während eines bis zu 49 Tage dauernden Zustandes zwischen Tod und Wiedergeburt Hilfestellung bei der Vermeidung der Wiedergeburt zu leisten. Zu diesem Zweck wird dem Toten von einem Lama daraus vorgelesen. Dieser »Zwischenzustand« (tib. Bardo) hat drei Phasen: Anfangs versteht der Tote nicht recht, dass er nicht mehr am Leben ist, und sieht, was um ihn herum vorgeht. Erst durch die Belehrung des Lamas begreift er, dass er nicht mehr teilhaben kann und sich nun in einer anderen Daseinssphäre befindet. In der zweiten Phase erscheinen ihm in glänzender Helligkeit

Vgl. S. 81

die Fünf Transzendenten Buddhas, begleitet von verlocken-
den Darstellungen verschiedener Wiedergeburtsmöglichkei-
ten. Das Totenbuch rät ihm, sich den Buddhas anzuvertrauen. Hört der Verstorbene nicht darauf, erscheinen ihm
grässliche Ungeheuer, vor denen er aber nicht erschrecken
darf, sondern die er stattdessen als leere Projektionen begrei-
fen muss. Gelingt ihm dies nicht, tritt er in den Zwischenzustand des Werdens ein, in dem die Gefahr einer Wiedergeburt
immer größer wird. Als Nächstes bedrücken den Verstorbenen alle möglichen qualvollen Empfindungen: Er versucht
wieder in seinen alten Körper zurückzugelangen, der ist jedoch bereits verwest, verbrannt oder in einem ähnlich grauen-
haften Zustand. Er ist verzweifelt und auch wütend auf seine
Hinterbliebenen. In dieser Phase ermahnt ihn das Totenbuch
zu Ruhe und zu gütigen Gedanken und erklärt ihm die sechs
Bereiche des Lebensrades. Mittlerweile kann der Tote eine Vgl. S. 33 f.
Wiedergeburt nur noch durch völlige Versenkung und Entsagung vermeiden. Versagt er, helfen ihm die Belehrungen
des Totenbuches bei der Wahl einer möglichst erträglichen
Wiedergeburt im Götterhimmel oder in der Menschenwelt.
Wenn feststeht, dass der Tote nun doch als Mensch in die
samsārische Welt zurückmuss, erhält er auch dafür Ratschlä-
ge: »Benütze Deine übernatürlichen Fähigkeiten dazu, die
Natur der Kontinente zu erkennen. Laß Dich in dem Konti-
nent nieder, in dem Wert auf die Religion gelegt wird [...]
Stelle Dir vor, daß Du als Kaiser der Welt wiedergeboren
wirst. Oder in der Priesterklasse. Oder als hoher Adliger. Oder
als Kind eines Mannes, der sich intensiv und mit Erfolg den
Yoga-Praktiken gewidmet hat. Oder als Kind religiöser Eltern. Auf jeden Fall in einer Familie, welche Dir die Voraussetzungen schafft, um allen Lebewesen dienen zu können.«
(zit. n. Hauf 2003, S. 115)

Der lamaistische Einflussbereich: Mongolei – Nepal – Ladakh – Sikkim – Bhutan

Um das tibetische Hochplateau gibt es eine Reihe von Ländern und Regionen, die durch jahrhundertelangen Einfluss
ebenfalls lamaistisch sind. Dazu gehört die Mongolei, in der Mongolei

seit dem 16. Jahrhundert unter Altan Khan die Schulrichtung des Dalai Lama (Gelugpa) dominiert. In Ulan Bator, der Hauptstadt der 1924 proklamierten Mongolischen Volksrepublik, steht das bedeutendste Kloster des Landes, das nach seinem großen Vorbild in Tibet Ganden heißt. Zwischen 1937–39 kam es zu einer Buddhistenverfolgung durch die Kommunisten. Seit den 1990er Jahren findet jedoch eine Wiederbelebung statt und es bezeichnen sich inzwischen fast 30 Prozent der Bevölkerung als Buddhisten. 1995 hielt der Dalai Lama eine Kālacakra-Initiation in Ulan Bator ab.

Nepal Nepal, wo heute Buddhas Geburtsort Lumbinī liegt, ist dem Lamaismus etwa seit dem 7. Jahrhundert verpflichtet, als die nepalesische Prinzessin Bhrikuti den tibetischen König Songtsen Gampo heiratete. Die Flüchtlingswelle, die nach der chinesischen Besetzung Tibets nach Nepal schwappte, hat in neuerer Zeit zu einem Erstarken des Vajrayāna-Buddhismus in Nepal geführt.

Ladakh Ladakh im westlichen indischen Himalaja (Bundesstaat Jammu/Kaschmir) war bis ins 19. Jahrhundert unabhängiges Königreich und wird wegen seiner ausgeprägten lamaistischen Kultur und seiner bedeutenden Klöster noch heute »Klein-Tibet« genannt. Seine Hauptstadt Leh liegt in über 3 000 Metern Höhe. Die großen Klöster Hemis, Lamayuru und Thikse sind Hochburgen des traditionellen tibetischen Buddhismus, wenn auch die buddhistische Lebensweise durch moderne Einflüsse und den großen muslimischen Bevölkerungsanteil in der Region bedroht ist.

Sikkim Der östliche indische Bundesstaat Sikkim, bis 1974 ebenfalls eigenständiges Königreich, war immer tibetisches Einflussgebiet. Der Vorgänger des jetzigen Karmapa errichtete 1966 das Kloster Rumtek nahe der sikkimesischen Hauptstadt Gangtok als seinen Hauptsitz. Als der gegenwärtige 17. Karmapa nach seiner Flucht aus Tibet dort Station machte, kam es zu den bereits erwähnten Spannungen zwischen Indien und China, in deren Zug Indien das Kloster unter militärische Bewachung stellte. Wie in Nepal und Ladakh sind auch in Sikkim zahlreiche Exiltibeter ansässig.

Bhutan An der Grenze zu Sikkim liegt Bhutan. Schon im 8. Jahrhundert soll Padmasambhava die Lehre Buddhas hierher gebracht und das Felsenkloster »Tigernest« gegründet haben. Heute ist Bhutan das einzige Land, in dem der Lamaismus Staatsreligion ist, wenngleich seine politische Macht zunehmend geringer wird.

Berührungen mit dem Westen
Megasthenes, der Grieche

Die früheste bekannte Erwähnung eines buddhistischen Herrschers findet sich in dem großteils verlorenen griechischen Bericht *Indika*. Sein Verfasser Megasthenes wurde um 303 v. Chr. vom Diadochenkönig Seleukos Nikator an den Hof Candraguptas (Sandrokottos') nach Pātaliputra entsandt. Zehn Jahre blieb er in Indien und machte sich Notizen zu Land und Leuten. Verschiedene seiner Beobachtungen sind uns durch Autoren der römischen Antike wie Strabo überliefert. Megasthenes wusste beispielsweise, dass in seinem Gastland Indien zwei Arten von Philosophen zu finden waren: *Brahmanes* und *Sarmanes*. Der Name des Königs Sandrokottos sollte für die Vgl. S. 123 spätere Wissenschaft und die Erforschung der Geschichte des Buddhismus noch entscheidende Bedeutung erlangen.

Marco Polo auf der Insel Seilan

Eine recht genaue Wiedergabe der Buddha-Legende, die in etwa dem Inhalt des *Lalitavistara* entspricht, erreichte den Westen durch Marco Polo (1254–1324). In seinem Reisebericht *Il Milione* (Ende 13. Jahrhundert) erzählt er die »schöne Geschichte von der Insel Seilan« (Ceylon), wo es von einem Berg (dem Adam's Peak) heiße, auf seinem Gipfel »sei das Denkmal Adams, unseres Urvaters«. Aber die Heiden, so fährt Marco Polo fort, hielten das Heiligtum auf dem Berg für das Monument des »Sergamoni Borcham«, also des Śākyamuni Buddha. »Borcham«, so erläutert Marco Polo an späterer Stelle, bedeute so viel wie »heilig«.

Weiter berichtet der Reisende, dass jener »heilige Sergamoni« der Sohn eines mächtigen Königs gewesen sei, aber zum Leidwesen seines Vaters »nichts von weltlichen Dingen« hören mochte und auf »die Königswürde verzichtete«. »Der Vater überlegte, wie er trotzdem zu seinem Ziele gelangen könnte. Er plante, etwas zu veranstalten, das im Sohne Freude und Lust an Welt und Krone wecken würde. Er gab ihm also einen prächtigen Palast zur Wohnung. Dreißigtausend junge, hübsche Mädchen standen zu seinen Diensten. [...] Sie sangen und tanzten vor ihm, sie trieben heitere Spiele, wie es ihnen der König aufgetragen hatte [...].« Im Folgenden berichtet Marco Polo von dem Entsetzen des Prinzen, als er zum ersten Mal einen Leichnam und einen Alten erblickt. Auch ansonsten folgt die Geschichte der bekannten Buddha-Legende. Nach seinem Tod sei der Prinz »vierundachtzigmal gestorben« und immer wieder als Tier auf die Welt gekommen. Hierin erkennen wir die Geschichten von Buddhas Vorleben in den Vgl. S. 67 ff. *Jātaka*. Erst nach seinem letzten Tod sei er »als ein Gott geboren worden«. Schließlich stellt Marco Polo noch den Vergleich an, dass die »Heiden« nach »Seilan« pilgerten wie die Christen zum heiligen Jakobus – die Wallfahrt nach Santiago de Compostela genoss zu Marco Polos Zeit große Popularität – und erwähnt Haar, Zähne und eine Schale aus »grünem Porphyr« als Reliquien. (Polo 2003, S. 298 ff.)

Zwei christliche Heilige: Barlaam und Josaphat

Die *Legenda Aurea*, in der der Genueser Jacobus de Voragine um 1270 die Viten christlicher Heiliger gesammelt hat, enthält in der Geschichte von Barlaam und Josaphat eine Überlieferung der Buddha-Legende, die vermutlich durch Manichäer und arabische Geschichtenerzähler nach Europa gelangt war. Es geht darin um den reichen Jüngling Josaphat, der alles aufgibt, um geistige Erleuchtung zu suchen. Die Legende wurde so weit akzeptiert, dass Josaphat und Barlaam im 16. Jahrhundert der 27. November im katholischen Heiligenkalender zugeteilt wurde. Ursprüngliche Quelle war Vgl. S. 149 wahrscheinlich das *Buddhacarita*, die Sanskrit-Biographie des Aśvagosha aus dem 1. Jahrhundert. Auf seinem Weg in den Westen wandelte sich das ursprüngliche Wort Bodhisattva in mehreren Phasen von arabisch »Budhasaf« zu georgisch »Iodasaph« zu Griechisch »Ioasaph« und schließlich zu lateinisch »Josaphat«.

Die Portugiesen und der Zahn Buddhas

Auch die Seefahrernation Portugal kam mit dem Buddhismus in Berührung. Auf einem Eroberungszug, den der portugiesische Vizekönig von Goa, Dom Constantino de Bragança, im Jahre 1560 nach Ceylon unternahm, stieß man im Zuge der Plünderung von Tempeln auf ein kostbares Reliquiar, das einen in Gold gefassten Zahn enthielt. Es handelte sich um die staatstragende Zahnreliquie Buddhas, die sich heute im Dalada Maligawa, dem »Zahntempel« von Kandy, befindet, dem bedeutendsten Heiligtum Sri Lankas und Weltkulturerbe der UNESCO. Der Überlieferung zufolge wurde der heilige Zahn Anfang des 4. Jahrhunderts n. Chr. nach vielen Fährnissen von Hemamālā, der Tochter eines Kalinga-Königs, in ihrem üppigen Haar verborgen, nach Lankā geschmuggelt, um ihn vor dem Zugriff eines mächtigen nordindischen Herrschers zu bewahren, der den Zahn mehrfach – natürlich erfolglos – zu zerstören versucht hatte. Nach der sicheren Ankunft in Lankā verband sich die Zahnreliquie mit dem Königtum und der Zahn wurde damit zum Herrschaftsinsigne.

Sri Lanka: Die Kalinga-Prinzessin Hemamālā bringt die Zahnreliquie Buddhas in ihrem Haar nach Lankā. Wandgemälde im Kelani-Tempel bei Colombo.

Mit der Bedeutung von Reliquien kannten die Portugiesen sich bestens aus. Schließlich hatten sie selbst erst kürzlich den Leichnam des heiligen Franz Xaver, des großen Sendboten des Christentums in Asien, nach Goa gebracht und einbalsamiert (dort wird er noch heute in einem silbernen Sarg verehrt). Umso erfreuter war der Vizekönig, das Heidentum an einer derart empfindlichen Stelle treffen zu können. Der Erzbischof von Goa entschied, dass der teuflische Zahn zerstört werden müsse, und zwar spektakulär vor der Kathedrale von Goa, wo man ihn dann auch vor den Augen der Menge in einem Mörser zerstieß, das Pulver verbrannte und die Asche in den Fluss Mandovi streute.

Nun stellt sich natürlich die Frage, was gegenwärtig im Zahntempel von Kandy als Zahnreliquie verehrt wird. Nach lanka-

Sri Lanka: Dalada Maligawa, der »Tempel des Zahns« in Kandy.

Sri Lanka: Dalada Maligawa, der »Tempel des Zahns« in Kandy.

nischer Überlieferung entzog sich der – ohnehin unzerstörbare – Zahn seiner Vernichtung, indem er durch den Boden des Mörsers entwich und in einer Lotosblüte in Kandy wieder auftauchte. Nach einer anderen Legende war es von vornherein nicht der echte Zahn gewesen, den die Portugiesen erbeutet hatten.

Wie wichtig die Zahnreliquie Buddhas als Herrschaftssymbol noch heute ist, beweist ein Selbstmordanschlag, den die separatistische Befreiungsarmee der hinduistischen »Tamil Tigers« 1998 auf den Tempel in Kandy verübte.

Sir William »Oriental« Jones

Erst das aufklärerische 18. Jahrhundert brachte im Zuge der Kolonialisierung großer Teile Asiens ein anderes als das missionarische Interesse an den einheimischen Religionen hervor. Die Informationen über den Buddhismus, die nun allmählich nach Europa gelangten, waren so eindrücklich, dass sie die Aufmerksamkeit westlicher Denker und Gelehrter erregten. Einem der Pioniere, die sich kühn an die Sprachen Indiens heranwagten, verlieh man wegen seiner Begeisterung für die Kulturen Asiens den abenteuerlich konnotierten Spitznamen »Oriental Jones«. Nichtsdestoweniger war William Jones (1746-1794) ein genialer Wissenschaftler, der bereits als Schüler außerordentliche Sprachbegabung bewiesen hatte, indem er sich selbst Hebräisch beibrachte. Später beschloss er, in Oxford Orientalistik zu studieren, lernte Persisch und Arabisch und brachte es auf dem Gebiet der Übersetzung alter Texte zu einigem Ansehen. Zu seiner Freude konnte der nun geadelte Sir William Jones 1783 eine gut dotierte Stelle am Gerichtshof in Kalkutta antreten. Es war sein erklärtes Ziel, Indien besser zu kennen als jeder andere Europäer. Ungeachtet aller Hindernisse – der Ablehnung seitens englischer Kollegen und der Weigerung der indischen Pandits, einen Fremden in die Sprache ihrer heiligen Schriften einzuführen –, stürzte Jones sich ins Sanskritstudium, übernahm einheimische Sitten und Kleidung und gründete 1784 die »Asiatic Society«, die nach anfänglichen Schwierigkeiten für wissenschaftliche Sensationen sorgte. Auch wenn einige der Vermutungen, die Jones im Laufe seiner Nachforschungen über die Identität Buddhas anstellte, aus heutiger Sicht absurd klingen – er hielt ihn für einen Äthiopier und mutmaßte eine Verbindung zwischen den Tempeln Buddhas und Stonehenge –, sind seine Verdienste einzigartig. Neben der Entdeckung der Beziehung zwischen europäischen und indischen Sprachen übersetzte er viele bedeutende Schriften aus dem Sanskrit, u. a. das Drama *Śakuntala* von Kalidāsa, weshalb er auch als »Vater der Indologie« gilt. Überdies gelang es ihm, den Grundstein für eine Datierung der Lebenszeit des historischen Buddha zu legen bzw. für eine Chronologie der altindischen Geschichte überhaupt. Durch Megasthenes, den bereits erwähnten griechischen Botschafter in Pāṭaliputra, war bekannt, dass dort ein König namens »Sandrokottos« geherrscht hatte. Da man wusste, dass Megasthenes sich um 303 v. Chr. in Pāṭaliputra aufgehalten Vgl. S. 119 hatte, hätte man durch eine Klärung der Identität des Sandrokottos einen zeitlichen Fixpunkt für die frühe indische Geschichte erlangen können. Lange und erfolglos durchforschte Jones verschiedene Listen von indischen Herrschern nach diesem Namen. Auch wo Pāṭaliputra gelegen hatte, stand zu Jones' Zeit noch nicht fest. Da Megasthenes von einem Zusammenfluss zweier Ströme sprach, vermutete man die alte Stadt an der Stelle des heutigen Allahabad, wo die beiden heiligen Ströme Ganges und Yamuna aufeinander treffen. Zudem nannten (und nennen) die Hindus es Prayaga – »Zusammenfluss« –, ein Wort, das immerhin mit einem P beginnt. Schließlich kam man durch den Vergleich mit einer Äußerung bei Plinius darauf, dass es sich möglicherweise auch um die Gegend des modernen Patna handeln konnte. Einen Widerspruch gab es jedoch: Patna liegt nicht an einem Zusammenfluss. Die Entdeckung eines trockenen Flussbetts klärte jedoch auch diese Frage. Das letzte Beweisstück fand Jones während der Arbeit an einem Sanskrit-Drama, das von einem jungen Mann namens Candragupta handelte, der seinen Rivalen vom Thron stößt und sich selbst an dessen Stelle zum Herrscher aufschwingt. Candragupta macht Pātaliputra zu seiner Hauptstadt und empfängt Botschafter aus fernen Landen. 1793 präsentiert Jones bei einer Zusammenkunft der Asiatic Society die bahnbrechende Entdeckung, dass König Candragupta Maurya der Sandrokottos aus Megasthenes' Beschreibung war und von ca. 312 bis 293 v. Chr. in Pātaliputra, nahe dem heutigen Patna, geherrscht hatte. Ein erster Anhaltspunkt für eine Datierung der Lebenszeit Buddhas war gefunden.

Auch Jones' Übersetzung des Dramas *Śakuntala* erregte in Europa großes Aufsehen. Sie wurde 1791 von Georg Forster ins Deutsche übertragen und inspirierte Goethe zu dem Vers: »Was will man denn vergnüglicher wissen / Sakontala, Nala, die muss man küssen!« (Goethes Werke [Cotta], Bd. 1, Stuttgart 1887, S. 195)

Der Buddhismus erreicht Deutschland

Arthur Schopenhauer Aufsätze über die Entdeckungen der Asiatic Society und der frühen englischen Kommentatoren waren auch Arthur Schopenhauer (1788-1860) bekannt, der sich manchmal selbst als »Buddhaisten« bezeichnete. (Einen Überblick über verschiedene Abhandlungen gibt er in dem Aufsatz »Sinologie« von 1836.) Durch ein von ihm erstelltes buddhologisches Literaturverzeichnis ist seine Rezeption buddhistischer Schriften gut dokumentiert. Zu seiner Bibliothek gehörte u. a. eine französische Übersetzung des *Lotos-Sūtra* von Eugène Burnouf (1801-1852), dem ersten europäischen Wissenschaftler, der sich mit der Erschließung des Pāli befasste (»Essai sur le Pali«,

1826). Das *Dhammapada* kannte Schopenhauer in lateinischer Übersetzung. Er hielt seine eigene Philosophie und die Buddhas für eng verwandt, obwohl Schopenhauers Ideen nach von Glasenapp mit dem alten Buddhismus nur die Vorstellung gemeinsam haben, dass die Gefühlszustände des Menschen »lebensbejahende Willenskräfte«, das heißt »karmaproduzierende Sanskāra« (1960, S. 94) sind. Im Gegensatz zu diesen ist Schopenhauers »Wille« jedoch ein zeitloses, unsterbliches »Ding an sich«, das durch ebendiese Qualität das Wesen des Individuums unvergänglich macht – eine metaphysische Sichtweise, die Buddha fern lag. Die Unterschiede zwischen Mahāyāna und Hīnayāna konnte Schopenhauer noch nicht erfassen, da die Forschung zu seiner Zeit noch nicht so vorangeschritten war. Begeistert war er auch von den *Upanishaden* – nach dem indischen Prinzip der Individualseele nannte er seinen Pudel Ātman –, die mit ihrer Vorstellung von einem Welturprinzip Brahman seiner Willenslehre näher stehen als der Buddhismus. Übrigens unterschied Schopenhauer nicht eindeutig zwischen Hinduismus und Buddhismus. Eine psychologische Analogie zwischen Schopenhauer und Siddhārtha Gautama besteht vielleicht in der stark von einer Erkenntnis der Leidhaftigkeit und Nichtigkeit individuellen Daseins geprägten Weltsicht bei beiden.

Vgl. S. 43

Vgl. S. 14 f.

> Was nach gänzlicher Aufhebung des Willens übrig bleibt, ist für alle Die, welche noch des Willens voll sind, allerdings Nichts. Aber auch umgekehrt ist denen, in welchen der Willen sich gewendet und verneint hat, diese unsere so sehr reale Welt mit allen ihren Sonnen und Milchstraßen – Nichts. (Arthur Schopenhauer, *Die Welt als Wille und Vorstellung*, S. 436)

Die heute umstrittene traditionelle westliche Beurteilung des Buddhismus als »pessimistischer« Religion, der sich neben Nietzsche auch Hermann Oldenberg in seinem großen Werk über Buddha anschloss, hat in Schopenhauers Interpretation ihren Ursprung.

Auch wenn Schopenhauer im Studium der indischen Weisheitslehren des Buddhismus und des Vedānta in der Hauptsache eine Bestätigung seiner eigenen Philosophie suchte, gebührt ihm das große Verdienst, einer der Ersten gewesen zu sein, die den Buddhismus in Deutschland bekannt machten.

> Wer gleich mir mit einer rätselhaften Begierde sich lange darum bemüht hat, den Pessimismus in die Tiefe zu denken und aus der halb christlichen, halb deutschen Enge und Einfalt zu erlösen, mit der er sich in diesem Jahrhundert zuletzt dargestellt hat, nämlich in der Gestalt der Schopenhauerischen Philosophie; wer wirklich einmal mit einem asiatischen und überasiatischen Auge in die weltverneinendste aller möglichen Denkweisen hinein und hinunter geblickt hat – jenseits von Gut und Böse, und nicht mehr wie Buddha und Schopenhauer im Bann und Wahne der Moral –, der hat vielleicht ebendamit, ohne daß er es eigentlich wollte, sich die Augen für das umgekehrte Ideal aufgemacht: für das Ideal des übermütigsten, lebendigsten und weltbejahendsten Menschen. (Friedrich Nietzsche, *Jenseits von Gut und Böse*, S. 67)

Nyānatiloka Angeregt durch die Lektüre Schopenhauers, hatte sich der Wiesbadener Anton Walter Florus Gueth (1878-1957) nach Indien aufgemacht. Als er dort nur noch wenige Spuren des Buddhismus ausfindig machen konnte, reiste er weiter nach Sri Lanka und Burma, wo er 1904 als erster Deutscher einem buddhistischen Orden beitrat. 1911 gründete Nyānatiloka, wie er nun hieß, an der Südwestküste Sri Lankas ein buddhistisches Kloster und gab ein umfangreiches Werk heraus, das die Übersetzung großer Teile des Pāli-Kanons, der *Milindapañha* sowie zahlreiche andere Schriften zu buddhistischen Themenkreisen einschließt. Nachdem er 1946 aus dem britischen Internierungslager bei Dehra Dun in Nordindien – aus dem übrigens auch der berühmte Bergsteiger Heinrich Harrer nach Tibet geflohen ist – entlassen worden war, kehrte er nach Colombo zurück und wurde ceylonesischer Staatsbürger. 1952 gründete er die »Kandy Forest Hermitage«. Sein bekanntester Schüler und Nachfolger ist Nyānaponika (1901-1994), geboren als Siegmund Feniger in Hanau. Er schloss sich 1936

Nyānatilokas Orden an. Besonders bekannt ist sein Meditationsbuch *Geistestraining durch Achtsamkeit*.

Auch Karl Eugen Neumann (1865-1915) kam als junger Mann über die Lektüre Schopenhauers zum Buddhismus und studierte Indologie. Seine Übersetzung größerer Teile des *Sutta-Pitaka* (»Korb der Sūtren«) des Pāli-Kanons wurde von Zeitgenossen wie Hermann Hesse als literarisch höchst gelungen eingeschätzt. Auch wenn hin und wieder philologische Ungenauigkeiten darin moniert werden, darf sie doch als bisher unübertroffene Leistung gelten, die großen Einfluss auf die buddhistische Bewegung in Deutschland ausübte.

Karl Eugen Neumann

Der Roman *Siddhartha* (1929) kann als Ergebnis von Hermann Hesses (1877-1962) langer und ausführlicher Auseinandersetzung mit den Philosophien Indiens bzw. Asiens gesehen werden. Darin verarbeitet hat er zahlreiche Fragmente und Episoden aus der Lebensgeschichte Buddhas. In dem Werk zieht der schöne und begabte Brahmanensohn Siddhartha gegen den Willen seines Vaters mit seinem Freund Govinda in die Hauslosigkeit. Als »Samana« begegnet er auch Gautama Buddha, dessen Weg Siddhartha jedoch für sich

Hermann Hesse

> Er sah seines Freundes Siddhartha Gesicht nicht mehr. Er sah statt dessen andre Gesichter, viele, eine lange Reihe, einen strömenden Fluß von Gesichtern, von Hunderten, von Tausenden, welche alle kamen und vergingen, und doch alle zugleich dazusein schienen, welche alle sich beständig veränderten und erneuerten, und welche doch alle Siddhartha waren. Er sah das Gesicht eines Fisches, eines Karpfens mit unendlich schmerzvoll geöffnetem Maule, eines sterbenden Fisches, mit brechenden Augen – er sah das Gesicht eines neugeborenen Kindes, rot und voll Falten, zum Weinen verzogen – er sah das Gesicht eines Mörders, sah ihn ein Messer in den Leib eines Menschen stechen – [...] er sah all diese Gestalten und Gesichter in Beziehung zueinander, jeder der andern helfend, sie liebend, sie hassend, sie vernichtend, sie neu gebärend, jede war ein Sterbenwollen, ein schmerzliches Bekenntnis der Vergänglichkeit, und keine starb doch, jede verwandelte sich nur [...]. (Hermann Hesse, *Siddhartha*, S. 119)

nicht annehmen kann, da er entdeckt, dass diese »Folgerich-
tigkeit aller Dinge dennoch an einer Stelle unterbrochen«
(Hesse 1974, S. 31) ist. Er wendet sich wieder dem weltlichen
Leben zu und gibt sich der Liebe, dem materiellen Reichtum,
der Habgier und dem Glücksspiel hin, um sich, nachdem er
schon an Selbstmord dachte, erneut auf die Suche zu begeben.
Zufriedenheit und einen erleuchteten Tod findet er schließlich als Fährmann an einem Strom, der ihn die Erkenntnis des
ewigen Wandels lehrt.

Siddhartha gilt als einer der meistgelesenen Romane des 20.
Jahrhunderts und avancierte in den 1960er Jahren in Europa
und den USA zum Kultbuch der Hippiebewegung. Aber auch
in Asien, besonders in Japan und Indien, wo es sogar in verschiedene indische Sprachen übersetzt wurde, wird es bis
heute in hohen Auflagen gedruckt.

Auch die Bücher von Lama Anagarika Govinda (1898-1985),
Lama Anagarika Govinda der als Lothar Hoffmann in Sachsen geboren wurde, erfreuen
sich großer Beliebtheit. Sein Leben als buddhistischer Mönch
begann mit der Aufnahme in Nyānatilokas Island Hermitage
auf Ceylon. Nach der Begegnung mit seinem tibetischen Lehrer Tomo Geshe Rimpoche wandte er sich dem Vajrayāna zu.
Von 1931 bis 1935 lehrte er an der von dem indischen Litera-
turnobelpreisträger Rabindranath Tagore gegründeten Universität in Shantiniketan, später an der Universität von Patna.
1947 wurde er indischer Staatsbürger und heiratete die Parsin
Li Gotami. In seinem Buch *Der Weg der weißen Wolken* schildert er seine und Li Gotamis Pilgerreise zum heiligen Berg
Kailaś in Westtibet. Während dieser Reise gelang es ihnen, einen Großteil der Fresken in den Klosterruinen Tholing
und Tsaparang des westtibetischen Reiches Guge zu skizzie-
ren. Sie gehören zu den letzten Zeugen des alten lamaistischen
Tibet.

Indiens neobuddhistische Bewegung

Als der Buddhismus im 18. Jahrhundert in Europa erstmals
philosophisch und akademisch wahrgenommen wurde, war
er in Indien so gut wie nicht mehr existent. Die Restaura-
tionsarbeiten burmesischer und ceylonesischer Buddhisten

> Es gibt Berge, die nur Berge sind, und solche, die eine ausge-
> prägte Persönlichkeit besitzen. [...] Persönlichkeit ist eine
> Macht, die Menschen über andere ausüben, ohne es zu wol-
> len; und diese Macht hat ihre Ursache in der Beständigkeit,
> Konsequenz und Harmonie des Charakters. [...] Wenn ähnliche
> Qualitäten in einem Berg vorhanden sind, erscheint er uns als
> ein Gefäß kosmischer Kräfte, und wir empfinden ihn als einen
> heiligen Berg. [...] Niemand hat einem solchen Berg den Titel
> der Heiligkeit verliehen, und dennoch anerkennt ihn jeder.
> [...] Aber selbst unter den mächtigsten Bergen sind nur we-
> nige von solch außergewöhnlichem Charakter und so beson-
> derer Lage, daß sie Symbole höchsten menschlichen Strebens
> werden, wie es sich in alten Kulturen äußert. [...] So kommt
> es, daß der Ruhm des Kailaś sich ausbreitete und alle anderen
> heiligen Berge der Welt überstrahlte [...] denn er bildet die
> Nabe der zwei größten und ältesten Kulturkreise der Welt: In-
> dien und China. [...] Der Kailaś bildet den höchsten Punkt des
> »Daches der Welt«, wie das tibetische Plateau genannt wird,
> und von diesem geographischen Zentrum fließen eine Anzahl
> großer Flüsse nach allen Himmelsrichtungen, vergleichbar den
> Speichen eines Rades, die von der Nabe ausgehen. (Lama
> Anagarika Govinda, *Der Weg der weißen Wolken*, S. 303 ff.)

an den heiligen Stätten – Burma renovierte den Mahābodhi-
Tempel in Bodhgayā im 19. Jahrhundert – und das neu er-
wachte europäische Interesse ließen auch in Indien wieder ein
Bewusstsein für die buddhistische Vergangenheit entstehen.
In hohem Maße angeregt wurde diese Wiederbelebung durch
die ceylonesische Mahābodhi-Gesellschaft, die 1891 von dem
Ceylonesen Anagarika Dharmapāla (1864-1933) mit dem Ziel
gegründet wurde, die bislang vernachlässigten buddhistischen
Denkmäler und Heiligtümer zu erhalten. Sie hat bis heute
Mitglieder in aller Welt, gibt Veröffentlichungen heraus und
unterhält Zentren an den buddhistischen Stätten Indiens.
Zwei wichtige Ereignisse haben dazu geführt, dass der Buddhismus sich wieder einen Platz im religiösen und gesell-
schaftlichen Leben Indiens erobern konnte. Eines davon ist
die bereits erwähnte Zuwanderung zahlreicher tibetischer

Flüchtlinge seit der chinesischen Besetzung Tibets und der Vgl. S. 114 darauf folgenden Flucht des Dalai Lama nach Indien im Jahre 1959, durch die inzwischen in vielen Teilen Indiens, sogar im Süden, große tibetische Gemeinden entstanden sind. Das andere maßgebliche Ereignis ist die in Europa wenig beachtete Bewegung eines indischen Neobuddhismus, der bereits so viele Anhänger hat, dass er gelegentlich als viertes zu den drei alten Fahrzeugen des Hīnayāna, Mahāyāna und Vajrayāna hinzugezählt wird. Navayāna, das »Neue Fahrzeug«, wurde 1956 aus Anlass von Buddhas 2500. Geburtstag in Nagpur von **Dr. Ambedkar** Bhimrao Ramji Ambedkar (1891-1956) ins Leben gerufen. Ambedkar war ein »Unberührbarer« und damit kastenlos, konnte aber ungeachtet dieser ungünstigen Voraussetzungen in New York und London studieren. Nach seiner Rückkehr war er Anwalt, Redakteur und Politiker und er gilt als einer der Väter der indischen Verfassung. Seine politische Karriere war stets vom Kampf für die Gleichstellung der unteren Kasten gekennzeichnet. In den Jahren vor der Unabhängigkeit Indiens hatte er als Justizminister die Aufgabe, Verfassungsvorschläge durchzusetzen, und es ist wahrscheinlich, dass seine Hinwendung zum Buddhismus bei seinem Plädoyer für Vgl. S. 45 f. die Wahl des Löwenkapitells von Sārnāth und des Rades als Symbole für die neue Republik Indien eine wichtige Rolle gespielt hat. Überall in Indien ehrt man »Dr. Amedkar« mit Statuen und manchen indischen Buddhisten gilt er als Maitreya, der Buddha der Zukunft. Mit ihm traten 1956 eine halbe Million Menschen zum Buddhismus über.

Seither ist die neobuddhistische Bewegung in Indien auf etwa fünf Millionen Anhänger angewachsen, die auch als »Ambedkariten« bezeichnet werden. Durch ihre Ablehnung der Verehrung von Bildwerken und übernatürlichen Gottheiten zeigt sich in ihr eine Hinwendung zum ursprünglichen Buddhismus, auch wenn die betont soziale Ausrichtung des »Ambedkar-Buddhismus« in starkem Widerspruch zu diesem steht. Neben verschiedenen inhaltlichen Umdeutungen der buddhistischen Lehre ist die Wandlung der Symbolik und Funktion des Stūpa vom Grabmal in eine Versammlungshalle charakteristisch für den kommunalen und sozialen Anspruch des

»Neuen Fahrzeugs«. Statt eines soliden Blocks mit einer Urne im Inneren ist der Navayāna-Stūpa hohl und steht nun nicht mehr für die Auslöschung des Individuums, sondern für die Zusammenkunft der Gemeinschaft. Ein neueres, sehr umstrittenes Beispiel für eine Umsetzung dieser Idee ist der Ambedkar-Park in Lucknow, der Hauptstadt des indischen Bundesstaates Uttar Pradesh, dessen ehemalige Ministerpräsidentin Kumari Mayawati aus der gleichen niederen Gesellschaftsschicht wie Ambedkar stammt und ungeachtet wütender Kritik mit Unsummen öffentlicher Gelder diesen riesigen Gedenkpark mit einer Stūpa-Halle im Zentrum errichten ließ. Allen Korruptionsvorwürfen zum Trotz wird sie von Millionen »Unberührbarer« gewählt und als »Königin der Dalits« gefeiert.

»Engagierter Buddhismus«

Die Entstehung von reformistischem, neubuddhistischem Gedankengut mit sozialer Ausrichtung beschränkt sich nicht auf Indien, sondern ist auch in anderen asiatischen Ländern, Europa und den USA zu beobachten. Die Neuinterpretationen sind verschiedenen kulturellen und religiösen Einflüssen zu verdanken, z. B. ist die Tendenz zur verstärkten Betonung des Mitgefühls im Neobuddhismus auch der christlichen Vorstellung der Nächstenliebe verpflichtet.

Ein Vertreter dieser neueren Richtungen ist der international bekannte Vietnamese Thich Nhat Hanh (geb. 1926), der den Begriff des »Engagierten Buddhismus« prägte. Seine religiöse Laufbahn begann in einem Chan-(Zen-)Kloster in Vietnam. Als sein Vorschlag, statt ausschließlich alter auch zeitgenössische Schriften zu lesen, zurückgewiesen wurde, verließ er das Kloster mit fünf anderen Novizen und widmete sich den buddhistischen Schriften im Eigenstudium. Anfang der 1960er Jahre studierte er Vergleichende Religionswissenschaften an den amerikanischen Universitäten Princeton und Columbia, bis er 1964 nach Vietnam zurückkehrte und die Vanh Hanh-Universität in Saigon sowie eine Organisation gründete, die die vom Krieg betroffenen Bauern auf dem Land medizinisch versorgte und unterstützte. Seine ständigen Ver-

Thich Nhat Hanh

suche, zwischen den Kriegsparteien Süd- und Nordvietnam zu vermitteln, führten schließlich zu seiner endgültigen Ausweisung durch beide Regime. Darauf gründete er in Frankreich eine Gemeinschaft, in deren gegenwärtigem Hauptsitz »Plum Village« (östlich von Bordeaux im Dordogne-Tal) eine große Zahl von Mitgliedern lebt und zahlreiche Veranstaltungen und Kurse stattfinden. Thich Nhat Hanhs engagierter ökumenischer Buddhismus verbindet traditionelle Meditationspraktiken des Zen-Buddhismus und eine christlich-buddhistische Ethik mit einem sozialpsychologischen Ansatz. Er setzt sich auch für die verstärkte Gleichstellung der weiblichen Mitglieder des Sangha ein. Seine Achtsamkeitsübungen schließen auch das Meditieren über alltägliche Handlungen wie Telefonieren oder Autofahren ein.

Missbrauch der buddhistischen Lehre

Nicht immer dient die Lehre Gautama Buddhas friedlichen Zwecken, auch wenn in ihrem Namen vielleicht weniger Gewalt ausgeübt wurde als unter dem Banner des Islams oder des Christentums. Meist waren es kleinere Gruppen, wie z. B. die tantrische Tachikawa-Sekte, die den Tod von Anhängern herbeiführte. Ziel war, ihnen zu einer besseren Wiedergeburt zu verhelfen. In einigen Ländern wie in Japan oder Myanmar kam es auch zu unheilvollen Verbindungen zwischen Buddhismus und Nationalismus; einige buddhistische Schulen rechtfertigten Gewalt und unterstützten totalitäre Systeme.

Die japanische Weltuntergangssekte Aum Shinrikyō (»Aum – Höchste Wahrheit«) stand hinter einem der spektakulärsten und gefährlichsten Auswüchse von Missbrauch buddhistischer Lehren. Vorausgeschickt werden muss allerdings, dass es sich bei dieser Sekte nicht um eine buddhistische Gruppe im engeren Sinne handelte, denn ihr Gründer und Guru Shōkō Asahara griff bei der Schaffung seiner synkretistischen Fantasy-Religion auf Elemente aus allen Weltreligionen zurück. So sah er sich auch als Verkörperung des hinduistischen Gottes Śiva.

Der Gasanschlag Am 20. März 1995 setzten Mitglieder von Aum Shinrikyō zur Hauptverkehrszeit in fünf Bahnen des ausgedehnten Tōkyōter

U-Bahn-Netzes das tödliche Nervengas Sarin frei. Die Täter trugen den Stoff als chemische Lösung in Plastikbeuteln bei sich, die sie mit den Spitzen eigens zu diesem Zweck mitgeführter Schirme gegen acht Uhr morgens durchlöcherten. Zwölf Menschen starben, Tausende wurden verletzt, viele trugen bleibende Schäden davon. Was waren die Hintergründe dieses traumatischen Vorfalls?

Wochenlang reiste Shōkō Asahara durch Indien und suchte alle Orte auf, an denen Gautama Buddha gewirkt hatte. Im Himalaja übte er Askese, er fastete, meditierte und rezitierte tagelang Mantras. Sowohl für Hindus als auch für Buddhisten ist die Sanskritsilbe Aum (Om) symbolhafter Ausdruck spiritueller Erkenntnis und Einheit. Asahara, der seit seiner Kindheit an grünem Star leidet und beinahe blind ist, glaubte, Erleuchtung erlangt zu haben, und beschloss, den Weg des Buddhismus zu beschreiten. Er behauptete, die übernatürlichen Kräfte eines Siddha zu besitzen – er könne durch die Luft schweben, innere Hitze erzeugen, feste Materie durchschreiten. 1987 reiste er nach Dharamsala, dem Sitz des Dalai Lama in Indien, um diesem seine Aufwartung zu machen. Während einer Audienz, wie der Dalai Lama sie alljährlich Tausenden von Pilgern gewährt, ermutigt er Asahara, im Geist des Buddhismus in Japan zu wirken. Der selbst ernannte Guru interpretiert die Worte als Bestätigung seiner Absichten, als Auftrag. Er gibt seiner Sekte den Namen »Aum – Höchste Wahrheit« und entlehnt zunehmend Elemente aus der Mystik des tantrischen Hinduismus und Buddhismus, um sie nach seinem Gutdünken zu deuten und seiner Ideologie einzuverleiben. Schließlich entwirft er Szenarien vom Untergang der Welt – den er »Armageddon« nennt, denn auch im Christentum wird er fündig – und prophezeit einen atomaren Holocaust für den Herbst 2003 mit anschließender Weltherrschaft der Aum-Sekte. Längst hat er beschlossen, die Katastrophe selbst auszulösen. Er wird immer mehr zum selbstherrlichen Guru und lässt sich durch sonderbare Rituale von seinen Anhängern verehren. Auserwählte dürfen sein Blut trinken, Haarspitzen von ihm werden zu einem Getränk aufgebrüht und sein Badewasser wird zu horrenden Preisen an

Die Vorgeschichte

Wirkung

die Anhänger verkauft. Was sich wie eine Sciencefiction-Satire anhört, zieht durch Asaharas geschickte Propaganda zahlreiche Mitglieder an. Er erstellt einen »Shambalisierungsplan«. Shambala ist ein mythisches Land im tibetischen Buddhismus, aus dem die Retter der Menschheit (und das Kalācakra) kommen, wenn der Erde Krieg und Vernichtung drohen.

Vgl. S. 93

Nur eine kleine Gruppe von Asaharas Anhängern war in seine massenmörderischen Pläne eingeweiht. Einige bastelten – erfolglos – an einer Atombombe, andere versuchten Handfeuerwaffen und Sprengstoff herzustellen. Die große Mehrheit dagegen sang Mantras, verteilte Prospekte, verrichtete niedere Arbeiten, besuchte teure Kurse zur Steigerung ihrer übernatürlichen Kräfte und verhielt sich extrem gewaltlos. (Ihre Wohnungen waren notorisch von Schädlingen verseucht, da die Aum-Anhänger buchstäblich keiner Fliege etwas zu Leide taten.)

Nach langjährigen Anhörungen und Prozessen wurden einige der Drahtzieher des Anschlags zum Tode verurteilt, zuletzt 2004 der Sektengründer Asahara, obwohl seine Anwälte auf Unzurechnungsfähigkeit plädiert hatten. Keines der Todesurteile ist bisher vollstreckt worden. Die Aum-Sekte wurde verboten, ehemalige Anhänger formierten sich jedoch unter dem Namen Aleph neu.

Buddhismus in den USA und Europa heute

»Wenn der Eisenvogel fliegt, erreicht die Lehre Buddhas den Westen«, soll Padmasambhava, der Tantriker aus dem 8. Jahrhundert, prophezeit haben und hat anscheinend Recht behalten. Seit den 1970er Jahren haben alternative Bewegungen, Wertewandel, vermehrte Kulturkontakte und Globalisierung dem Buddhismus in Europa und den USA einen fruchtbaren Boden bereitet, so dass es heute auch ein Nalanda in Südfrankreich gibt. Missionierung hat dabei kaum eine Rolle gespielt. Ein wichtiger Aspekt war die Verfolgung des Buddhismus in Tibet und die daraus resultierende Vertreibung und Flucht hoher Lamas und ihrer Anhänger. Besonders in der Schweiz, wo es eine große tibetische Exilgemeinde gibt, aber auch in Frankreich und Großbritannien sind lamaistische Klöster entstanden. Durch die Berühmtheit und das Engagement des Dalai Lama genießt besonders der tibetische Buddhismus immer größere Popularität in Europa und den USA. Der prominenteste amerikanische Buddhist ist Richard Gere, dessen Lehrer hauptsächlich Lamas der Gelugpa sind, also der Schulrichtung der Gelbmützen, der der Dalai Lama vorsteht.

Doch es gibt nicht nur westliche Schüler. Seit längerer Zeit machen sich zahlreiche Europäer und Amerikaner einen Namen als Lamas und Zenmeister, wie z. B. Reb Anderson (Tenshin Rōshi), der viele Jahre Abt des San Francisco Zen Center war.

Als etwas fragwürdige Erscheinung gilt der Däne Ole Nydahl, der zur Karma-Kargyü-Schule des Karmapa gehört. Nydahl reist ständig durch die ganze Welt, hat bereits über 400 Meditationszentren gegründet und in Spanien den größten Stūpa im Westen eingeweiht. Immer wieder wird ihm jedoch Machtmissbrauch vorgeworfen und – harmloser – dass er eine Art »Lifestyle-Buddhismus« für Yuppies propagiere.

Richard Gere mit tibetischem Mönch.

Natürlich erfüllen buddhistische Rituale auch Bedürfnisse nach Frömmigkeit, Gemeinschaft und Hingabe. Auf keinen Fall jedoch ist der Buddhismus im Westen nur eine oberflächliche Mode. Stattdessen besitzt er offenbar das Potential, den kulturspezifischen Erscheinungen der westlichen Industrienationen produktiv zu begegnen, und bietet für viele eine Alternative zum Christentum. Im Vordergrund seiner Anziehungskraft steht eine religiöse Praxis, die eben nicht auf Frömmigkeit und Glauben setzt, sondern auf die Möglichkeit einer Verbesserung von Lebensqualität durch bewusste Veränderung. Es finden hier Umdeutungen in Richtung eines »Buddhismus für Ungläubige« (Stephen Batchelor) statt. Eigenverantwortlichkeit und der Einfluss, den der Mensch auf sein Karma nehmen kann, indem er die Ursachen für eine geglücktere Daseinsweise selbst schafft, kennzeichnen den west-

Stūpa in Frankreich

lichen Buddhismus, der seinerseits Wechselwirkungen auf die »eingewanderten« Varianten ausübt.

Interessant ist in diesem Zusammenhang die – allerdings eher politisch als religiös zu verstehende – Ankündigung des Dalai Lama, er werde nach seinem Tod nicht mehr im besetzten Tibet oder einem anderen Gebiet unter chinesischer Herrschaft wieder geboren, sondern in einem freien Land.

In der Geschichte des Buddhismus ist all dies nichts Neues – seit 2500 Jahren entstehen verschiedenste, den Gegebenheiten der jeweiligen Länder angepasste Spielarten und Schulrichtungen. Alle jedoch gehen ausnahmslos auf den Mann aus Indien zurück: Siddhārtha Gautama, der zum Buddha wurde.

Anhang

Zeittafel

Um 1500 v. Chr. Einwanderung der Ārya in Nordindien. – Entstehung der Veden.

6./5. Jahrhundert v. Chr. Siddhārtha Gautama wird in Lumbinī geboren. Nach konventioneller Überlieferung lebte er von 563 bis 483 v. Chr., nach neuerer Sicht ca. von 490 bis 410. – Verkündung der Lehre in Nordindien.

um 380 v. Chr. Das Große Schisma.

326 v. Chr. Alexander überschreitet den Indus.

323 v. Chr. Alexanders Tod.

312-293 v. Chr. Regierungszeit Candragupta Mauryas.

303 v. Chr. Der Grieche Megasthenes kommt an Candraguptas (Sandrokottos') Hof.

268-233 v. Chr. Regierungszeit Aśoka Mauryas.

um 250 v. Chr. Aśokas Sohn Mahinda bringt die Lehre Buddhas nach Lankā (Sri Lanka).

um 80 v. Chr. Erste Niederschrift des Pāli-Kanons in Lankā.

um 100 v. Chr. bis 100 n. Chr. Entstehung des Mahāyāna-Buddhismus.

1. Jahrhundert n. Chr. Entstehung des *Lotos-Sūtra*.

1.-3. Jahrhundert Kushān-Zeit, Herrschaft Kanishkas (ca. 78-144).

um 150 Nāgārjuna schafft die Philosophie der Leere (Śūnyatāvāda).

2. Jahrhundert Entstehung des *Vimalakīrti-Sūtra* (Lehrreden des Vimalakīrti).

3. Jahrhundert Entstehung des Tantrayāna (Vajrayāna).

4. Jahrhundert Āsanga und Vasubandhu begründen die Yogācāra-Schule.

um 450 Einfall der Weißen Hunnen im Nordwesten Indiens.

um 520 Bodhidharma kommt aus Indien nach China.

6. Jahrhundert Einführung des Buddhismus in Japan.

607-647 König Harsha, der letzte große Förderer des Buddhismus in Indien, regiert in Kanauj.

618-907 Tang-Zeit in China.

7. Jahrhundert Der chinesische Mönch Xuanzang pilgert nach Indien.

774-835 Lebenszeit des Kōbō Daishi, Begründer der Shingon-Schule in Japan.

8. Jahrhundert Der Buddhismus erreicht Tibet.

10. Jahrhundert Einfall muslimischer Turkvölker in Indien.

1185-1333 Kamakura-Zeit in Japan.

um 1200 Zerstörung der Klosteruniversität Nālandā. – Verschwinden des Buddhismus aus Indien.

13. Jahrhundert Der Zen-Buddhismus gelangt über China und Korea nach Japan.

1357-1419 Lebenszeit Tsongkhapas, des Gründers des tibetischen Gelug-Ordens, dem auch der Dalai Lama angehört.

1881 Gründung der Pāli Text Society.

1922 *Siddhartha* von Hermann Hesse erscheint.

1950 Tibet wird von China besetzt.

1956 Anlässlich der Feierlichkeiten zu Buddhas 2500. Geburtstag kommt es unter der Führung von Bhimrao Ramji Ambedkar zu einer Massenkonversion im indischen Nagpur.

1959 Flucht des 14. Dalai Lama nach Indien.

1995 20. März: Saringas-Anschlag der Aum-Sekte auf die U-Bahn in Tōkyō.

1999 Dezember: Flucht des 17. Karmapa nach Indien.

2003 Der Dalai Lama zelebriert das Kālacakra in Bodhgayā.

Zur Umschrift und Aussprache

Bei der Umschrift von Sanskrit- und Pāli-Namen und -Begriffen wurde auf eine wissenschaftliche Transliteration verzichtet. Lediglich die langen Vokale sind durch Längestriche gekennzeichnet, vokalisches r̥ erscheint als ri, dentale, palatale und retroflexe n-Varianten werden nicht unterschieden. Das palatale ś wird beibehalten, das retroflexe ṣ mit sh wiedergegeben.

Die wissenschaftliche Schreibweise »kṣatriya« beispielsweise wird damit zu Kshatriya.

C ist wie tsch, j wie dsch, ś ähnlich wie sch, y wie j und v wie w auszusprechen.

Abkürzungen

Skt.: Sanskrit; P.: Pāli.

(Pluralbildungen wurden bei Begriffen aus dem Sanskrit und Pāli nur dort vorgenommen, wo diese in den deutschen Sprachgebrauch eingegangen sind.)

Die Abkürzung M steht für die »Mittlere Sammlung« (*Majjhimanikāya*) des Pāli-Kanons.

Die Abkürzung D steht für die »Längere Sammlung« (*Dīghanikāya*) des Pāli-Kanons.

Die Zahl jeweils hinter »M« bzw. »D« bezeichnet die Nummer der entsprechenden Rede, um Stellen auch in anderen Übersetzungen leicht auffindbar zu machen.

Die Zitate aus dem Pāli-Kanon folgen:

Karl Eugen Neumanns Übertragungen aus dem Pāli-Kanon, Gesamtausgabe in drei Bänden, Zürich, Wien 1956-57, [1]1896-1902.

Bd. 1: *Die Reden Gotamo Buddhos aus der Mittleren Sammlung* (zitiert als KEN 1)

Bd. 2: *Die Reden Gotamo Buddhos aus der Längeren Sammlung* (zitiert als KEN 2)

(Die Form »Buddho«, die Neumann statt des gängigeren »Buddha« gewählt hat, bezeichnet den Nominativ im Pāli. So auch »Ānando« statt »Ānanda«, »Ālāro Kālāmo« statt »Ālāra Kālāma« etc.)

Glossar

Sofern nicht anders gekennzeichnet, entstammen alle aufgeführten Begriffe dem Sanskrit.

Abhidhamma-Pitaka (P.):»Korb der Scholastik«; Bezeichnung für das dritte Kompendium des buddhistischen Kanons mit vornehmlich philosophischer Ausrichtung.

Arhat (chin. Lohan; jap. Rakkan): ein durch die Lehre Buddhas erleuchteter Mensch; ein Heiliger. Ideal des Hīnayāna.

Ātman:»Selbst«; im Brahmanismus (bzw. Hinduismus) die unvergängliche individuelle Seele eines Menschen.

Aum → *Om*

Avalokiteśvara (tib. Chenrezi): vielarmiger, allumfassendes Mitleid verkörpernder → *Bodhisattva*.

Bhikshu (P. Bhikku):»Bettler«, Ordensmitglied des → *Sangha*, weibl. Bhikshunī.

Bhūmīsparśa-Mudrā:»Geste der Erdberührung«, mit der Buddha mit den Fingerspitzen der rechten Hand die Erde als Zeugin gegen → *Māra* anruft.

Bodhgayā: wichtigster buddhistischer Wallfahrtsort in Nordindien. Hier erlangte Buddha unter einem Bodhi-Baum die vollkommene Erleuchtung.

Bodhisattva:»Erleuchtungswesen«, das freiwillig auf vollkommene Buddhaschaft verzichtet, um anderen zu helfen. Ideal des → *Mahāyāna*-Buddhismus.

Brahman:»Weltseele«; der absolute Urgrund der Welt. Im Brahmanismus besteht die höchste Erkenntnis in der Vereinigung des → *Ātman* mit dem Brahman (Nicht zu verwechseln mit Brahma, dem Weltschöpfer und eine der höchsten hinduistischen Gottheiten, die auch ins Pantheon des tantrischen Buddhismus übernommen wurde.)

Brahmane: Angehöriger der höchsten hinduistischen Kaste.

Cakra (P. Cakka):»Rad«, Symbol sowohl für die Lehre Buddhas, den → *Dharma* und den Kreislauf der Wiedergeburten → *Samsāra*.

Dalai Lama (mongol.):»Ozean der Weisheit«. Verkörperung des Bodhisattva → *Avalokiteśvara*. Höchster Lama des tibetischen Gelbmützenordens. Der derzeitige 14. Dalai Lama Tenzin Gyatso residiert in Indien.

Dharma: 1. Weltgesetz; 2. die buddhistische Lehre; 3. entstehende und vergehende Seinserscheinungen materieller und geistiger Art.

Dhyāna (chin. Chan; korean. Son; jap. → *Zen*): der Weg zur Wahrnehmung der absoluten Wirklichkeit durch Meditation.

Gautama: »Familienname« Buddhas. Steigerungsform aus dem Sanskrit, wörtl. »der die meisten Kühe hat«.

Hīnayāna: das »Kleine Fahrzeug«, ältere »südliche« Richtung des Buddhismus, wie er u. a. in Sri Lanka, Myanmar und Thailand praktiziert wird. → *Theravāda*

Jātaka: »Geburtsgeschichten«, 547 kanonische Begebenheiten aus den Vorleben Buddhas.

Kailaś: Heiliger Berg in Tibet, Wallfahrtsstätte für Hindus und Buddhisten. → *Meru*

Kālacakra: »Rad der Zeit«; esoterischer Text (→ *Tantra*), Mandala und Gottheit des tibetischen Buddhismus.

Karma: »Tat«; die Verbindung von ursächlichem Tun und der daraus resultierenden Wirkung. Die »Früchte« des Karmas werden nach buddhistischer und hinduistischer Vorstellung in späteren Leben geerntet.

Karunā: Mitgefühl.

Kōan (jap.): zenbuddhistische Rätselsätze meist paradoxer Natur, die den Schülern besonders der Rinzai-Schule als Aufgabe erteilt werden.

Kshatriya: indischer Kriegeradel, zweithöchste Kaste im heutigen Indien.

Kuśinagara: Sterbeort Buddhas. Wallfahrtsort der Buddhisten.

Lumbinī: Geburtsort Buddhas im heutigen Nepal, Wallfahrtsort der Buddhisten.

Māgadha: Großreich in der Gangesebene zu Buddhas Zeit.

Mahāparinirvāna → *Nirvāna*.

Mahāyāna: »Großes Fahrzeug« des nördlichen Buddhismus in Tibet, China, Korea, Taiwan, Vietnam und Japan.

Mantra: »Spruch«, der der Anrufung und Verehrung von Gottheiten dient.

Māra: Tod (etymologisch mit lat. mors verwandt), der/das Böse, Symbol des → *Samsāra* und Widersacher Buddhas.

Meru: nach hinduistischer und buddhistischer Vorstellung mythischer »Weltenberg« im Mittelpunkt des Universums und Wohnort von Göttern. Als seine irdische Entsprechung gilt der → *Kailaś*.

Milindapañha: »Die Fragen des Milinda«; nichtkanonisches Pāli-Werk, in dem der Mönch Nāgasena den gräko-indischen König Menandros (Milinda) über den Buddhismus belehrt.

Mudrā: »Siegel«; festgelegte symbolische Handhaltung von Buddhas oder Bodhisattvas, mit der ein bestimmter Aspekt oder eine Begebenheit assoziert wird. → *Bhūmisparśa-Mudrā*

Nālandā: vom 5. bis 12. Jh. n. Chr. bedeutendste buddhistische Klosteruniversität Nordindiens.

Navayāna: das »Neue Fahrzeug«, im 20. Jh. entstandene, neobuddhistische Bewegung mit sozialer Ausrichtung.

Nirvāna (P. Nibbana): »Erlöschen« des Daseinsdurstes und damit Befreiung von der Wiedergeburt.

Om (Aum): Silbe, die für Hindus und Buddhisten klanglich und bildlich das Absolute symbolisiert. In der Aussprache manifestiert sich Vollkommenheit, indem der Mund zunächst weit geöffnet wird, um dann beim Sprechen des M wieder fest verschlossen zu werden.

Padmasambhava: legendärer indischer Lehrer und Magier aus dem 8. Jh. n. Chr., dem die Einführung des Buddhismus in Tibet zugeschrieben wird. Seine Historizität steht nicht fest. Verfasser von → *Terma*.

Pāli (wörtl. »Reihe«): mittelindische Kunstsprache, die für die Verschriftung der kanonischen Texte des → *Theravāda-/Hīnayāna*-Buddhismus gebraucht wurde.

Pāli-Kanon → *Tripitaka*

Parinirvāna: Erreichen des → *Nirvāna* im Tod.

Prajnā: »Weisheit«, übernatürliche Intuition. Im → *Mahāyāna* neben der »Geschicklichkeit in der Methode« (Upāya) eines der beiden Hauptpostulate zur Erleuchtungserlangung. Im Tantrismus ist P. der weibliche Aspekt, der sich mit dem männlichen Upāya vereinigt.

Pratyeka-Buddha: »Einsam Erwachter«, ein Buddha, der nur für sich Erleuchtung erlangt hat.

Samsāra: die Wanderung durch den Kreislauf der irdischen Wiedergeburten; die irdische Welt.

Sangha: die buddhistische Ordensgemeinde.

Sanskrit: altindische Schrift- und Rezitationssprache des Hinduismus und des → *Mahāyāna*-Buddhismus. S. gehört zu den ältesten indoeuropäischen Schriftsprachen.

Sārnāth: Ort bei Benares (Vārānasī), an dem Buddha seine Lehre und seinen Orden begründete. Wallfahrtsstätte der Buddhisten.

Śākyamuni: »Asket (aus dem Stamm) der Śākya«; Bezeichnung für den historischen Buddha Siddhārtha Gautama.

Satori (jap.): plötzliches Erleuchtungserlebnis im → *Zen*-Buddhismus.

Siddhārtha: persönlicher Name des historischen → *Gautama* Buddha.

Skandha: »Gruppe, Anhäufung«; fünf als die Persönlichkeit konstituierend angenommene Elemente; nicht konstante Wahrnehmungen.

Śrāvastī (P. Sāvatthī): zu Buddhas Zeit Hauptstadt des Reiches Kośala, Schauplatz wichtiger Predigten Buddhas und buddhistisches Zentrum. Heute archäologisch bedeutsam.

Stūpa: Grabhügel, später jedes Heiligtum, in dem die Asche eines Heiligen oder heilige Schriften aufbewahrt werden (tib. Chörten).

Tanhā → *Trishnā*

Tantra: »Gewebe«, heilige, komplizierte Lehrtexte des → *Vajrayāna* (Tantrayāna), die wegen ihres esoterischen, geheimen Charakters durch Initiation weitergegeben werden.

Tantrayāna → *Vajrayāna*

Terma (tib.): »Schatz«; angeblich von → *Padmasambhava* u. a. Lehrern verfasste Schriften, die versteckt wurden und erst aufgefunden werden, wenn die richtige Zeit gekommen ist.

Tathāgata: »der so Gekommene«, d. h. der diesen Weg genommen hat; Bezeichnung für Buddha.

Theravāda: »Schule der Älteren«; Bezeichnung für den →*Hīnayāna*-Buddhismus.

Tripitaka (P. Tipitaka): »Dreikorb«, Bezeichnung für den Pāli-Kanon, bestehend aus den drei Sammlungen Ordensdisziplin (*Vinaya*), Lehrreden (*Sutta*), Scholastik (*Abhidhamma*).

Triratna: »die drei Juwelen« Buddha, → *Dharma*, → *Sangha*.

Trishnā (P. Tanhā): »Durst«; die Begierden, die das Rad der Wiedergeburten antreiben.

Tulku (tib.): lamaistische Bezeichnung für die Wiederverkörperung eines Buddha. → *Dalai Lama*

Vajrayāna: »Diamantfahrzeug«; dritte große Schulrichtung des Buddhismus, deren Bezeichnung sich von »Vajra« (Diamant, Donnerkeil) herleitet. Der tib. Lamaismus gehört dem V. an. Anhänger des V. finden sich auch in Japan. → *Tantrayāna*

Vaiśya: dritte indische Kaste (Bauern, Arbeiter, Händler).

Veda: »Wissen«, indische heilige Opfer-Texte, entstanden vermutlich ab ca. 1500 v. Chr. Ursprünglich nur mündlich tradiert. Die *Veden* gelten auch dem heutigen Hinduismus als Grundlage.

Vihāra: Kloster.

Zazen (jap.): Sitzmeditation im Zen-Buddhismus.

Zen (jap.): Hauptrichtung des japanischen Buddhismus, die auf der Vorstellung von abrupter, den Intellekt transzendierender Erleuchtung (*Satori*) basiert.→ *Dhyāna*

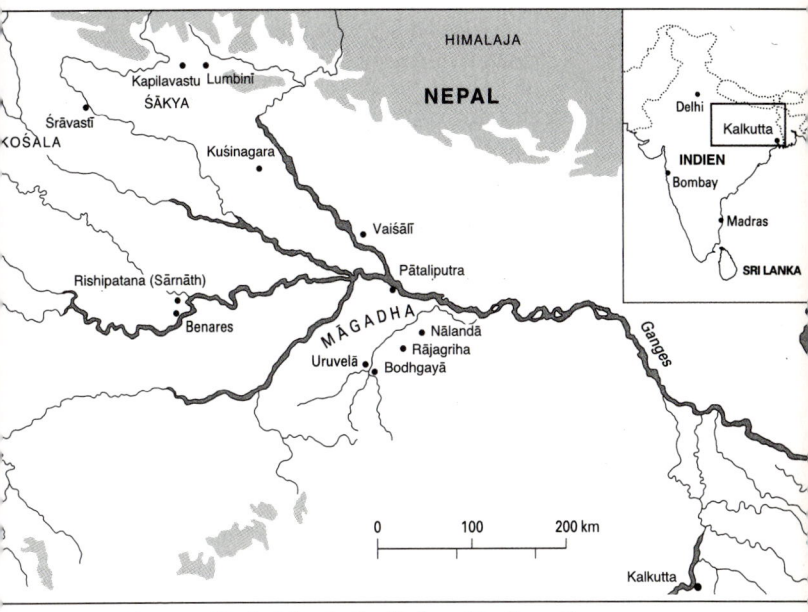

Karte 1: Wirkungsgebiet Buddhas in Nordindien, 6./5. Jh. v. Chr.

Karte 2: Heutige Verbreitung des Hīnayāna-Buddhismus

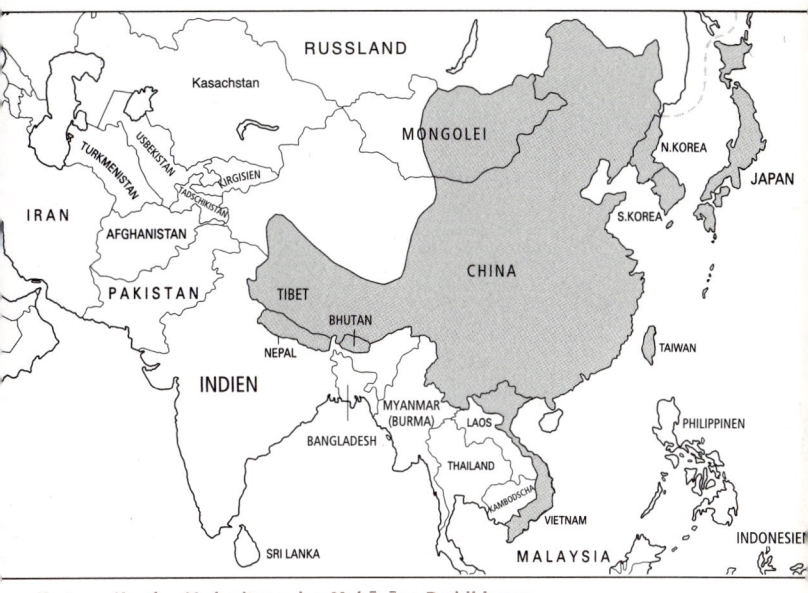

Karte 3: Heutige Verbreitung des Mahāyāna-Buddhismus

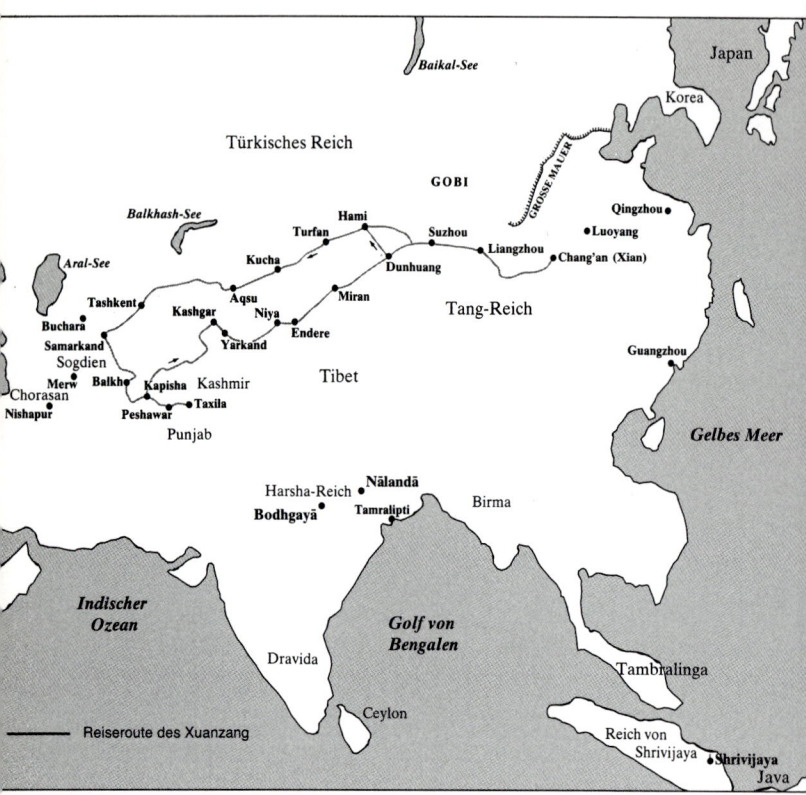

Karte 4: Seidenstraße und Reiseroute des chinesischen Pilger-
mönchs Xuanzang im 7. Jh. n. Chr.

Bibliographie

Quellen für das Leben Buddhas

Neben dem Pāli-Kanon, der ausführlichsten und ältesten Quelle für das Leben Buddhas, verfügt auch die umfassende Sanskrit-Literatur des Mahāyāna-Buddhismus über allerdings später anzusetzende Berichte, deren wichtigste im Folgenden kurz skizziert sind. (Eine wissenschaftliche und detaillierte Aufstellung gibt Klimkeit, 1990, S. 25-45.)

1. Das *Mahāvastu* (»Große Begebenheit«) reicht in seinen ältesten Teilen vermutlich bis ins 2. Jahrhundert v. Chr. zurück und schildert auf heterogene und märchenhafte Art Episoden aus dem Leben Buddhas. Zusätzlich enthält es auch Abhandlungen und Sūtren. (Ü: J. Jones, als Bände 16, 18 und 19 der *Sacred Books of the Buddhists*, London 1949-1956; Neudruck 1973-1976)

2. Der *Lalitavistara* (»Ausführliche Darstellung des Spiels«) ist ein vielfach bearbeitetes, sehr umfangreiches Werk, das das Leben Buddhas in leuchtenden Farben und mit viel Fantasie schildert. Viele der bekannten in der bildenden Kunst dargestellten legendären Episoden aus Buddhas Leben haben hier ihren Ursprung. Kein anderer Text hat das Bild Buddhas über alle Grenzen hinweg so stark beeinflusst. Auch die im biographischen Teil referierten Legenden basieren weitgehend auf Erzählungen aus dem *Lalitavistara*. In diesen Texten offenbart sich ein Denken, das bereits weit über den ursprünglichen Buddhismus hinausreicht und stark von mahāyānischen Inhalten geprägt ist. Eine eindeutige Datierung der sehr heterogenen Schrift konnte bisher nicht vorgenommen werden. (Teilw. übers. von Ernst Waldschmidt, *Die Legende vom Leben des Buddha*, Graz 1982)

3. Als Werk von hohem literarischen Rang gilt das *Buddhacarita* (»Werdegang des Buddha«) des Aśvagosha (1. Jahrhundert n. Chr.), der ein zum Buddhismus übergetretener Brahmane gewesen sein soll. Das *Buddhacarita*, bei dem es sich wohlgemerkt um eine spätere dichterische Bearbeitung der Buddha-Legende handelt, wurde erst im 19. Jahrhundert entdeckt und liegt komplett nur in chinesischer und tibetischer Übersetzung vor. (Ü: *Buddhas Leben. Ein altindisches Heldengedicht des 1. Jahrhunderts,* ins Deutsche übertragen von R. Schmidt, Osnabrück 1972)

4. Wichtiges Zeugnis geben auch die bisher fast 40 an verschiede-

nen Orten in ganz Nordindien gefundenen Säulen- und Felsenedikte des Herrschers Aśoka Maurya (reg. ca. 268-233 v. Chr.), mit denen dieser die Wirkungsstätten Buddhas kennzeichnete und den Dharma – das buddhistische Gesetz – zu verbreiten suchte. Zusätzlich kommt Aśokas Inschriften als ältesten schriftlichen Zeugnissen der indischen Geschichte überhaupt überragende Bedeutung zu.

5. Späte Quellen sind die Berichte mehrerer buddhistischer Pilgermönche aus China, wohin der Buddhismus über die Seidenstraße gelangt war. Die Mönche beschreiben die Wallfahrtsstätten, die mit dem Leben Buddhas in Verbindung stehen, sowie die Zentren buddhistischer Gelehrsamkeit, an denen sie studierten und wo sie buddhistische Schriften für ihre Rückkehr nach China sammelten. Ihrer Übersetzungsarbeit ist beispielsweise ein vollständiges *Buddhacarita* auf Chinesisch zu verdanken. Auch viele andere Schriften, deren Sanskrit-Originale verloren sind, blieben auf diese Weise in chinesischer Übersetzung erhalten.

Von besonderer Bedeutung ist Faxian (Fa-hsien), der 399 nach Indien reiste und 414 nach China zurückkehrte, wo er seinen »Bericht über die buddhistischen Länder«, niederschrieb und die von dort mitgebrachten Schriften übersetzte.

Der berühmteste aller chinesischen Pilger ist jedoch Xuanzang (Hsüan-tsang; 602-664), der von Chang' an (Xian), der Hauptstadt der Tang-Dynastie, auf der Seidenstraße durch die Gebiete des heutigen Afghanistan und Pakistan nach Indien gelangte. Sein Reisebericht ist so abenteuerlich, dass er zur Grundlage des chinesischen Romans *Der rebellische Affe. Die Reise nach Westen* von Wu Ch'eng-en (ca. 1506-1582) wurde, eines der meistgelesenen und -aufgeführten klassischen Werke Chinas. Das Bild Xuanzangs mit einer Kiepe voller Schriften ist fast zum Emblem des chinesischen und japanischen Buddhismus geworden. Einen »Bibliotheksreisenden« nennt ihn René Grousset in seinem Buch *Die Reise nach Westen oder wie Hsüan-tsang den Buddhismus nach China holte* (München 2003, S. 18). Gleich zu Beginn seiner Pilgerschaft im Jahre 629 fällt Xuanzang beinahe einem habgierigen Führer zum Opfer und in den Weiten der mörderischen Wüste Gobi begegnet er der Fata Morgana einer bis an die Zähne bewaffneten Reiterkarawane. Nächstes Hindernis ist der König von Turfan, der den gelehrten Mönch mit Gewalt an seinem Hof festhalten möchte, und Xuanzang kann seine Freilassung nur durch einen Hungerstreik erreichen. Schließlich überquert er den Tianshan, besucht Samarkand und gelangt über Afghanistan endlich nach Indien, wo er fast alle buddhistisch bedeutsamen Stätten aufsucht, so dass die Archäologie seinem Bericht die Identifizierung zahlreicher Fundorte verdankt. Über einen längeren Zeitraum studierte Xuanzang in Nālandā, der größten buddhistischen Klosteruniversität. Nach sechzehnjähriger Reise kehrte Xuanzang mit Reliquien, Bildwerken und 657 Schriften beladen nach China zurück, um sein Übersetzungswerk zu beginnen.

6. Um 1906 wurden Fragmente eines verlorenen Sanskrit-Kanons aus dem 5. Jahrhundert n. Chr. in Kucha (zwischen Kashgar und Turfan) an der Seidenstraße entdeckt. Zu ihnen gehört das *Mahāvadāna-Sūtra*, in dem die Leben von sechs Vorgängern Gautama Buddhas geschildert werden, und ein *Mahāparinirvāna-Sūtra* (die Predigt vom Großen Verlöschen, die den Tod Buddhas schildert), wie es im Pāli-Kanon in ähnlicher Form vorliegt.

Kommentierte Auswahlbibliographie

– Batchelor, Stephen, *Nagarjuna – Verse aus der Mitte. Eine buddhistische Vision des Lebens*, Theseus o. O. 2002.
Sehr gut lesbare und anschauliche Einführung in die Lehre des bedeutenden buddhistischen Denkers Nāgārjuna (ca. 2. Jahrhundert n. Chr.) mit zeitgemäßer Übersetzung des Hauptwerkes, das in Versen dessen Philosophie der Leerheit darlegt.
– Baumann, Martin, *Deutsche Buddhisten. Geschichte und Gemeinschaften*, Marburg 1993.
Ausgezeichnete, ausführlich dokumentierte Rezeptionsgeschichte des Buddhismus in Deutschland. Darstellung von Buddhismus-Konzepten für den Westen, feministische Interpretationen und Ausblicke. Zahlreiche Karten und Tabellen, Glossar, Überblick über die Institutionen in Deutschland.
– Bechert, Heinz/Gombrich, Richard, *Der Buddhismus. Geschichte und Gegenwart*, München 2000.
Großer Textumfang; Abhandlungen von Buddhologen aus neun verschiedenen Ländern. Erfassung vieler Themenbereiche. Glossar, sehr ausführliches Register.
– Conze, Edward, *Eine kurze Geschichte des Buddhismus*, Frankfurt am Main 2005.
Knappe, gut verständliche Beschreibung der Entwicklung und Verbreitung des Buddhismus in Asien.
– Glasenapp, Helmuth von, *Das Indienbild deutscher Denker*, Stuttgart 1960.

Ausführliche Darstellung der Bedeutung des Buddhismus für die Philosophie von Kant bis Lama Anagarika Govinda.

– Gombrich, Richard, *Der Theravada-Buddhismus. Vom alten Indien bis zum modernen Sri Lanka*, Stuttgart 1997.
Kenntnisreiche Schilderung des Theravāda-Buddhismus mit besonderer Berücksichtigung gesellschaftlicher und politischer Rahmenbedingungen.

– *Lexikon der östlichen Weisheitslehren. Buddhismus, Hinduismus, Taoismus, Zen*, Bern u. a. 1986.
Ausführliches Nachschlagewerk, in dem nahezu alle wichtigen buddhistischen Persönlichkeiten und Begriffe auch in den verschiedenen Sprachen (Sanskrit, Tibetisch, Chinesisch, Japanisch) zu finden sind.

– Meisig, Konrad, *Klang der Stille. Buddhismus*, Freiburg 1995.
Außergewöhnlich interessante, klare Darstellung des Buddhismus von seinen Anfängen als »oppositionelle Reformbewegung« bis zu verschiedenen Tendenzen in der Neuzeit, über die selten berichtet wird.

– Mylius, Klaus, *Geschichte der altindischen Literatur*, überarbeitete und ergänzte Auflage, Wiesbaden 2003.
Hervorragendes Standardwerk mit einer klaren, auch für Laien verständlichen wissenschaftlichen Beschreibung der buddhistischen Literatur.

– Ders., *Die Vier Edlen Wahrheiten. Texte des ursprünglichen Buddhismus*, Augsburg 2000.
Repräsentative Auswahl, die einen umfassenden Überblick über die wichtigsten Texte des Pāli-Kanons in sowohl philologisch genauer als auch literarisch gelungener Übersetzung gibt. Hervorragende Einleitung über Lehre und Geschichte des Buddhismus.

– Notz, Klaus-Josef, *Lexikon des Buddhismus*, Wiesbaden 2002.
1200 Stichwörter (Begriffe, Personen, Orte, Schulen), kompetent und philologisch verlässlich.

– Schumann, Hans Wolfgang, *Buddhabildnisse. Ihre Symbolik und Geschichte*, Heidelberg 2003.
Illustriertes Bestimmungsbuch zur Ikonographie des Buddhismus mit Schwerpunkt auf dem indo-asiatischen Kulturkreis.

– Ders., *Handbuch Buddhismus. Die zentralen Lehren: Ursprung und Gegenwart*, München 2000.
Liefert umfassende Orientierung und anregende Details; gute Bebilderung, Zusammenfassung von Werken wie z. B. dem *Lotos-Sūtra*.

– Ders., *Der historische Buddha*, München 1993.
Ausführliche Dokumentation und Interpretation der über das Leben Buddhas bekannten Tatsachen und Legenden. Standardwerk.
– Zotz, Volker, *Buddha*, Reinbek bei Hamburg 1991.
Kurze, ausgezeichnet lesbare Darstellung des Lebens und der Lehre Buddhas anhand von Originaltexten.

Weitere Literatur

– Beal, Samuel, *Travels of Hiouen-Thsang. Buddhist Records of the Western World*. Translated from the Chinese of Hiouen Tsang by Samuel Beal, 4 Bde., Kalkutta 1957.
– Bechert, Heinz, »Die Lebenszeit des Buddha – das älteste feststehende Datum der indischen Geschichte?«, in: *Nachrichten der Akademie der Wissenschaften in Göttingen*, 1986, Nr. 4.
– Berry, Scott, *A Stranger in Tibet*, Kodansha 1989.
– Berzin, Alexander, *Kalacakra. Das Rad der Zeit. Geschichte, Wesen und Praxis des bedeutendsten tantrischen Initiationsrituals des tibetischen Buddhismus*, Bern u. a. 2002.
– Bottini, Oliver, *Das Große O. W. Barth-Buch des Buddhismus*, Frankfurt am Main 2004.
– Diener, Michael S., *Das Lexikon des Zen*, München 1996.
– Eliade, Mircea, *Das Mysterium der Wiedergeburt*, Frankfurt am Main 1997.
– Evans-Wentz, Walter Y., *Milarepa. Tibets Großer Yogi*, Bern u. a. 1989 ([1]1937).
– Ders. (Hg.), *Das Tibetanische Totenbuch oder die Nachtod-Erfahrungen auf der Bardo-Stufe*, Freiburg 1987 (London [1]1927).
– Glasenapp, Helmuth von, *Die Literaturen Indiens von ihren Anfängen bis zur Gegenwart*, Stuttgart 1961.
– Ders., *Die Weisheit des Buddha*, Baden-Baden 1946.
– Gonda, Jan, *Die Religionen Indiens*, 2 Bde., Stuttgart 1960.
– Govinda, Lama Anagārika, *Der Weg der weißen Wolken. Erlebnisse eines buddhistischen Pilgers in Tibet*, Bern u. a. 2000.
– Grousset, René, *Die Reise nach Westen oder wie Hsüan-tsang den Buddhismus nach Indien holte*, München 2003 (Paris [1]1929).
– Hesse, Hermann, *Siddhartha*, Frankfurt am Main 1974 (Berlin [1]1922).
– Hinüber, Oskar von, »Zur Geschichte des Sprachnamens Pāli«, in: *Beiträge zur Indienforschung. Ernst Waldschmidt zum 80. Geburtstag gewidmet*, Veröffentlichungen des Museums für Indische Kunst, hg. von Herbert Härtel, Bd. 4, Berlin 1977, S. 237-247.
– Hui-neng, *Das Sūtra des Sechsten Patriarchen. Das Leben und*

die Zen-Lehre des chinesischen Meisters Hui-neng, aus dem Chinesischen und Japanischen übers. von Ursula Jarand, Bern u. a. 1989.

– Hultzsch, E. (Hg.), *Inscriptions of Asoka*, Corpus Inscriptionum Indicarum, Bd. 1, Delhi 1969.

– Ikeda, Daisaku, *Buddhismus. Das erste Jahrtausend*, München 1986.

– Jaspers, Karl, *Die großen Philosophen*, Bd. 1, München 1988.

– *Karl Eugen Neumanns Übertragungen aus dem Pāli-Kanon*, Gesamtausgabe in drei Bänden, Zürich, Wien 1956-57, ¹1896-1902.

Bd. 1: *Die Reden Gotamo Buddhos aus der Mittleren Sammlung* (zitiert als KEN 1)

Bd. 2: *Die Reden Gotamo Buddhos aus der Längeren Sammlung* (zitiert als KEN 2)

Bd. 3: *Sammlungen in Versen*

– Kaplan, David E./Marshall, Andrew, *Aum – eine Sekte greift nach der Welt*, Berlin 1998.

– Kipling, Rudyard, *Kim*, neu übersetzt und hg. von Gisbert Haefs, Zürich 2001 (London ¹1901).

– Klimkeit, Hans-Joachim, *Der Buddha. Leben und Lehre*, Stuttgart u. a. 1990.

– Köppler, Paul H., *Auf den Spuren des Buddha. Die schönsten Legenden aus seinem Leben*, Bern u.a 2001.

– Kuby, Clemens/Olvedi, Ulli, *Living Buddha. Die siebzehnte Wiedergeburt des Karmapa in Tibet*, München 1994.

– Kulke, Hermann/Rothermund, Diethmar, *Geschichte Indiens von der Induskultur bis heute*, München 1998.

– *Lankāvatāra-Sūtra*, aus dem Sanskrit übers. v. Karl-Heinz Golzio, Bern u. a. 1995.

– Levenson, Claude B., *Dalai Lama. Die autorisierte Biographie des Nobelpreisträgers*, Zürich ⁴2004.

– *Lotos-Sūtra. Sūtra von der Lotosblume des wunderbaren Gesetzes,* nach dem chinesischen Text von Kumārajīva übers. und eingeleitet von Margareta von Borsig, Gerlingen 1992.

– Mehlig, Johannes (Hg.), *Buddhistische Märchen*, Frankfurt am Main 1992.

– Michels, Volker (Hg.), *Materialien zu Hermann Hesses ›Siddhartha‹*, 2 Bde., Frankfurt am Main 1975/76.

– Morris, Ivan, *Samurai oder Von der Würde des Scheiterns*, Frankfurt am Main 1999.

– Nehru, Jawaharlal, *Entdeckung Indiens*, Berlin 1959.

– Nietzsche, Friedrich, *Jenseits von Gut und Böse*, Werke, Bd. 7, Stuttgart 1976.

– Nyānaponika/Hecker, Hellmuth, *Die Jünger Buddhas. Leben und Werk der vierundzwanzig bedeutendsten Schüler und Schülerinnen des Erwachten*, Bern u. a. 2000.

– Nyānaponika (Hg.), *Milindapañha: ein historisches Gipfeltreffen im religiösen Weltgespräch*, aus dem Pāli übers. von Nyānatiloka, Bern u. a. 1998.

– Nyānatiloka (Hg.), *Die Lehrreden des Buddha aus der Angereihten Sammlung*. Neue Gesamtausgabe in fünf Bänden, Köln 1969.

– Oldenberg, Hermann, *Buddha, sein Leben, seine Lehre, seine Gemeinde*, Holzminden 1998 (Berlin ¹1881).

– Polo, Marco, *Il Milione. Die Wunder der Welt*, Frankfurt am Main 2003.

– Reischauer, Edwin O., *Die Reisen des Mönchs Ennin. Neun Jahre im China des 19. Jahrhunderts*, Stuttgart 1963.

– *Der Rigveda*, aus dem Sanskrit übers. und mit laufendem Kommentar versehen von Karl Friedrich Geldner, 3 Bde., Leipzig 1951 (Göttingen ¹1923).

– Schopenhauer, Arthur, *Die Welt als Wille und Vorstellung*, Sämtliche Werke, Bd. 1, Frankfurt am Main 1960.

– Ders., »Sinologie«, in: *Über den Willen in der Natur*, Sämtliche Werke, Bd. 3, Frankfurt am Main 1962, S. 459-471.

– Schuster, Gehardt W., *Das alte Tibet. Geheimnisse und Mysterien*, Frankfurt am Main 2000.

– *Das Tibetanische Totenbuch*, übers. von Monika Hauf, München 2003.

– Waldschmidt, Ernst, *Die Legende vom Leben des Buddha*, Graz 1982 (Berlin ¹1929).

– Weber, Claudia, *Buddhistische Sutras. Das Leben des Buddha in Quellentexten*, München 1999.

– Wells, H. G., *Die Geschichte unserer Welt*, Zürich 1975 (London ¹1926).

– Zimmer, Heinrich (Hg.), *Buddhistische Legenden*, Frankfurt am Main 1985.

156

Bildnachweis
Bildarchiv Preußischer Kulturbesitz, Berlin: Seite 3. Himalayan Map-
house, Kathmandu: 59. Jean-Marie Huron/Editingserver.com/Agen-
tur Focus, Hamburg: 136. Lahore Museum, Lahore: 26. Museum of
Fine Arts, Boston: 77. Patan Museum, Patan/Nepal: 29. Picture-al-
liance/dpa, Frankfurt am Main: 135
Alle anderen Abbildungen stammen von Ursula Gräfe und Peter
Dailleau.
Karten 1-3: nach Damien Keown. »Buddhism«, Oxford University
Press, 1996. Karte 4: © 1988 DuMont Buchverlag, Köln, »Die Sei-
denstraße«, S. 29.

Danksagung
Für seine Anregungen und seine Unterstützung danke ich Peter
Dailleau, von dem auch zahlreiche der hier verwendeten Fotogra-
fien stammen.
Besonders danken möchte ich auch den Mitarbeiterinnen des Suhrkamp Verlags Julia Ketterer, Corinna Santa Cruz, Elke Dörr und Ge-
sine Dammel.

Suhrkamp BasisBiographien

Ein spannendes Leben, ein beeindruckendes Werk, eine nachhaltige Wirkung – die Suhrkamp BasisBiographien erzählen von Leben, Werk und Wirkung der großen Persönlichkeiten der Weltgeschichte.